丹羽宇一郎

仕事がなくなる！

GS
幻冬舎新書
692

まえがき

「AI[*1]の進化がすさまじいが、自分の仕事がなくなるのではないか……」

そんなふうに思っているビジネスパーソンは多いと思いますし、ときに尋ねられることもあります。私は、こう答えます。

「はい、あなたの仕事はなくなりますよ。考え方とやり方を変えなければ……」

2023年になって「ChatGPT[*2]（チャットGPT）」をはじめとする対話型または生成AI[*3]に注目が集まっています。

これらの対話型AIは、学習した大量のデータをもとに、まるで会話をするように、利用者とAIの間で文章でやり取りができるようになったというだけで、これまでのAIと比べて何も真新しい発明があったわけではありません。

ただ対話型ＡＩがすごいのは、学習させているデータの量が桁外《けたはず》れに大きいという点でしょう。学習データは24時間、加速度的に増えており、そのスピードが人間の想像を超えたものであるからこそ、対話型ＡＩの進化ぶりに対し、多くの人が脅威に感じているのです。

現段階ですでに、文書作成、翻訳、要約、法的文書の作成、データ解析、プログラミングなどさまざまなことが行えるようですから、文字や文章に関係する仕事に携わっている人は、大きな影響を受けるでしょう。

いや、文字や文章に関係する仕事に限定するまでもなく、どんな仕事であっても、ＡＩの影響を受けない仕事はないはずです。

リアルタイムで、ある程度の正確な回答を返すＡＩが、こんなに早い段階で登場するとは、専門家でも予想だにしていなかったようです。

ＡＩが人間の能力を凌駕《りょうが》するシンギュラリティ（技術的特異点）は２０４５年頃に訪れると言われていましたが、今は再来年ではないかと予想する専門家もいるようです。

一方で、現段階では回答に不正確な部分も多く見られたりするなど、改善の余地は大きいようです。また各方面から著作権侵害や悪用のリスクについて、さまざまな規制やルールが求められています。

とはいえ、この流れはもう、誰にも止められません。

ならば、ほとんどのことをＡＩがやってくれるから、人間はもう用済みなのか？

そんなことはありません。

しかし、人間がＡＩにはないものを使って仕事をしない限りは早晩、あなたの仕事はＡＩに取って代わられるでしょう。

大事なことなので繰り返しますが、ＡＩの進化は、もう誰にも止められません。

だからこそ**人間は、AIをうまく利用しながら、人間特有の能力を使った仕事に注力することが大事になる**のです。

ＡＩに使われるのではなく、ＡＩを使うために必要なものは何か？

環境が劇的に変わっていくなかで、仕事のスタイルはどう変わらざるを得ないのか？

どのような姿勢で仕事に取り組めば、仕事を失わず、やり甲斐《がい》を感じられるのか？

いかなる場所も時間も超え、普遍的な価値を持ち得る仕事の「絶対値」を探りつつ、それらのことを本書でじっくり語っていきたいと思います。

２０２３年3月

丹羽宇一郎

＊1—Artificial Intelligence（人工知能）の略。
＊2—アメリカのOpenAIという企業によって開発された。Ｃｈａｔは歓談の意味。ＧＰＴはGenerative Pre-trained Transformerの略で、事前学習をして、自ら新たな文章を生成する言語モデルを指す。
＊3—Generative AIといい、生成的人工知能のこと。

仕事がなくなる！／目次

第三章　「人間の本質」を利用する　77

第五章　求めなければ新しい発想は生まれない　107

第五章　仕事で行き詰まったときこそ成長のチャンス　147

構成　髙木真明
DTP　美創

第一章　「仕事の値打ち」って何だ!

コスパ重視では、いい仕事はできない

先頃、ファスト映画をユーチューブにアップロードしたことで、その投稿者が大手映画会社から訴えられ、5億円の損害賠償を命じる判決が下されました。ファスト映画とは、映画の映像を無断で使用し、字幕やナレーションをつけて10分程度にまとめてストーリーを明かす違法動画のことです。

最近、ネットで配信される映画を早送りして観る若い世代が増えているようですが、ファスト映画は映画を早送りして鑑賞するより、さらに効率よく映画作品の内容を知ることができるということで、かなり多くの視聴者が観たとのことです。

しかし、早送りの鑑賞にしろ、ファスト映画にしろ、そういう映画との接し方は、鑑賞とは言えません。

2時間程度の尺を持つ映画であれば、その時間をかけることではじめて成り立つストーリーの流れやリズム、テンポがあるわけです。早送りの鑑賞もファスト映画も、そうしたものをまったく無視した行いです。

たとえば、会話と会話の間や何気ない風景描写にだって重要なメッセージが込められているかもしれないのに、そんなものは一切おかまいなしです。

そんなふうにして映画に接しても、心に響くものはないでしょうし、受け手に発信されるメッセージやテーマを深く考えることもないでしょう。

こんな視聴の仕方をする大きな理由は、言うまでもなく時間の節約です。それによって浮いた時間を有効活用できる、最近流行《はや》りの言葉で言えばタイパ（＝タイムパフォーマンスの略。かける時間に対する満足度）がいいわけです。

もう一つは作品について、さまざまな情報を持っておくことが円滑なコミュニケーションにつながると信じているので、鑑賞ではなく情報収集でいいという感覚が強いのだと思います。

たとえば仲間内で、ある映画作品の話題が出たとき、その作品のことを知らなければコミュニケーションの輪から外れてしまいます。それを避けるため、話題の作品の大まかなところを押さえておこうとするのです。

結局、早送りの鑑賞もファスト映画も、映画作品をただの情報の塊としてしかとらえていないのです。

以前、あるベンチャー企業の若手女性経営者が、テレビの情報番組で「川端康成《かわばたやすなり》の小説はコスパ（コストパフォーマンス）が悪い。ゆえに小説そのものもコスパがよくないと思う」と発言したという話を知人から聞いたことがあります。

その女性経営者はそれまで小説というものをほとんど読んでこなかったため、小説がどういうものかを一度試したかったそうです。

ノーベル文学賞を受賞した日本を代表する小説家の作品が、コスパが悪いの一言で、いとも簡単に切り捨てられてしまうとは、泉下《せんか》の川端も、さぞかし驚いていることでしょう。ここでいう「コスパ」とは、小説を読むための時間や労力という「コスト」に対する効果のことです。

もちろん川端作品自体に対する個人の好みというものもあるでしょうが、コスパ発言は、それ以前の問題です。コスパという尺度を持ち出して、文学や絵画、音楽といった芸術を語ることの滑稽《こっけい》さに、この女性は気づいていないからです。感性の入る余地もない効率至上主義の価値観は、ここまでくると、驚きを通り越して笑ってしまいます。

人生においてコスパやタイパばかりを気にするようになると、その尺度にそぐわない映画や小説は、持っている本来の意義が失われてしまうのでしょう。

情報は有機的につながってはじめて知識になり、知識は他の経験と組み合わさっていくことで、新たな発想が生まれます。情報の断片を知っているだけでは、何の役にも立たないのです。

仕事を効率的に進める上ではコスパを考えるのはもちろん大事ですが、それを重視しすぎると、さまざまな弊害《へいがい》が出てくると思います。仕事における人間関係も味気ないものになるでしょうし、仕事そのものからも人間味のある豊かな感性が失われ、ＡＩに取って代わられる日もそう遠くはないことでしょう。

環境の変化が早く、競争社会が熾烈《しれつ》さを増すなか、コスパ意識はますます強くなっていくに違いありません。

しかし、コスパ意識に支配されて仕事をしていると、内容よりもスピードを重視しますから、仕事の質が落ちることは避けられません。そんな仕事は当然のことながら、AIに取って代わられるでしょう。

私はこれまで、コスパやタイパを考えて仕事をしたことはありません。ただありがたいことに84歳の今も仕事の依頼が次々と舞い込み、待ってもらっている状態です。

私の場合、仕事において効率を優先することはありませんが、目の前の仕事に1ミリも手を抜かないということは死守してきました。働いている姿を相手に見せることはなくとも、そのことは仕事を通して、しっかり相手に伝わるようです。

AIには感情がないため、面白いと思ったり感動したりすることがありません。だから人間がAIに勝つためには、自分のすべての感情を投入し、自分が生み出すサービスを使った人が面白いと思ったり感動したりするものをつくらなくてはならないのです。

これからの仕事において一番大事なのはこういうことではないかと、最近とみに感じるのです。

コスパが悪いからこそ、やる価値がある

コスパ・タイパといった言葉を日常的に使う人が増えているのは、現代社会が効率や合理性に大きな価値を置いているからに他なりません。

コスパ主義・タイパ主義が強くなれば、仕事においても、効率のよいものや、短い時間で結果が出るものばかりを選ぶようになるでしょう。この仕事は努力の割にはコストや時間がかかるからやめようとか、こちらの仕事は少しの努力ですぐに結果が出そうだからがんばろう、というふうに。

もちろん効率を考え、工夫することは大事です。しかし、すべてにおいてコスパやタイパを重視する考え方に、私は反対です。

その人にとってコスパやタイパはよくなくとも、達成感や満足度が高く、社会の役に立つことは、いくらでもあるからです。

実際、仕事や人生には実にさまざまな〝成し遂げるべきこと〟があります。やりたいから、好きだからという思いから、個々人が力を入れるべきことはたくさんあるでしょう。それなのに、常にコスパやタイパのものさしが前面に出てしまうと、純粋にやってみたいという思いまで萎《しぼ》みかねません。

コスパ・タイパの意識が強すぎると、それによって人生の夢や目標も、180度違ったものになってしまうこともあると思います。

たとえば司法試験は制度が変わる以前と比べればハードルは下がったものの、相変わらず難関です。子どもの頃から弁護士に憧れていた人は、勉強を始める時点でコスパ・タイパの観点から試験勉強をすることの是非を判断して、容易にあきらめてしまうかもしれません。

染物に興味があって染物の職人になる夢を持っていた人は、一人前になるまでのコスパやタイパを計算して、その夢を断念するかもしれません。

しかし、自分の純粋な気持ちや願望を捨て、コスパ・タイパを優先する人生を送れば、必ずどこかで虚しく感じるはずです。

一度きりしかない人生を平板なコスパ・タイパの計算内に収めてしまうのは、実にもったいないことです。人生や仕事は本来、そんなもので収まってしまうような矮小《わいしょう》なものではありません。

そして、人間がどんなにがんばったところで、ＡＩに対し、コスパやタイパにおいて人間に勝ち目はないということを肝に銘じてほしいと思います。

損得勘定で仕事を選ぶと、人生が貧相になる

コスパ・タイパ主義的な考えが強くなれば、ものごとを損か得かという尺度で判断し、行動を選択するようになります。

しかし、人生というのは、単純な損得勘定では計れないもので成り立っています。得だと思ったほうを選んだのに、かえって損をしたり、反対に損してもいいやと思って選んだら、結果的に得をしたりする。人生も仕事も、計算通りにはいかないものです。運というものは、小手先の計算に囚《とら》われることなく、精一杯の努力をしている人にやってくるものです。

理論上、損得勘定に長《た》けている人が、目の前の選択肢において得だと思うほうばかりを選び続ければ、いいことだらけの人生になるはずです。

しかし現実は、まずそんなことにはならない。

一時的に大金が舞い込んでも、途中で仕事に失敗し、大借金を背負うかもしれません し、順風満帆《じゅんぷうまんぱん》な人生を歩んでいても、突然重い病気にかかって仕事ができなくなってしまうかもしれません。仮に仕事で大成功しても、人間関係のトラブルをたくさん抱えるかもしれません。

得だと思う選択をし続けても、けっして思い通りにいかないどころか、気がついたら、信頼できる人間関係を失い、さらにお金もすっからかんになっていた、なんてことになりかねません。

なぜ人生や仕事は、計算通りにいかないのか。それは名人の将棋とは違い、何手も先のことは読めないからです。プロの棋士は何十手も先を読むといいますが、普通の人間は、一手先すら正しく読めないのです。

とくに気をつけなくてはならないのは、目先の得に囚われたり、自分の損を回避することばかりに気をとられることです。

たとえば、部下と飲みに行ったときに、一切おごらなかったり、何か問題が起こったときは、いつも部下に責任をかぶせたりする人もいます。

人にはお金を一切出さない吝嗇《りんしょく》ぶりも、常習的な責任回避の行為も、自分が損をすることを避けるため行うことです。

しかし、自分が得だと思って選んだ行為が、次にどのような影響を及ぼすかについては、気がまわらないのです。

得したいという欲が強すぎると、まさに「欲に目が眩《くら》む」で、視野は狭くなり続け、自分の周りから人が離れていくでしょう。

もちろん、得するほうを選びたいという気持ちは誰もが持っているはずですが、それが強すぎると、大事なことがすっぽり抜け落ちてしまうものです。

日々こなす仕事は、小さな選択の連続です。そのとき、こちらを選ぶと得だとか、あちらへ進むと損するからやめようといったことをいちいち細かく考えることは、私は一切しません。

損か得かというレベルでとらえるのではなく、自分にとって必要かどうか、社会にとって有益か否か、面白いかつまらないかが「選択の軸」です。

それこそ社長時代には、大きな選択を目の前にすると、どちらを選ぶかで会社全体に与える影響がまるっきり違ってきますから、利益の計算や判断の軸は明確に持っていなくてはなりませんでした。

そして、それが短期的な損得ではなく、長い目で見て会社にとって必要かどうかということを、いつも一番に考えていたものです。

目先の利益は上がるかもしれないけれど、長期的スパンで見て会社には不要なものであれば選ばないのが普通ですし、反対に一見損な投資のようでも、10年、20年先の会社の将来を考え、不可欠と思えば、それを選択するのは当然です。

損か得かの計算ばかりしている人は、最終的には損をすることのほうが多い人生になるかもしれません。

最終的には、自分がやりたいかどうか、その〝ものさし〟をもっと積極的に使うべきでしょう。そうでなければ、満足のいく人生にはならないでしょうし、納得のいく仕事もできないものです。

幸運気質の人に共通していること

一生懸命努力をすれば、たいていの場合、幸運の女神は微笑んでくれるものです。運というと、見ることも触ることもできない不思議なもののように感じますが、実はきわめて具体的なものだと思います。

どのような努力をしているか、普段どんな心がまえで人生や仕事と向き合っているか、そうしたことの積み重ねが、結果的に運につながるものです。

たまに「こんな態度で仕事をしていたら、運にも恵まれないだろうな」という人を見かけることがあります。

ということは、運と縁遠くならないためには、その人が普段とっている姿勢や行動パターンとは逆の姿勢で、仕事に向き合えばいいことになります。

たとえば時代の変化や流れを読んで、チャンスがくれば、いち早くつかむ。誠意を持って人と接し、相手の信頼を得る。ものごとを的確に判断し、必要に応じて素早い行動を取る。問題には逃げることなく正面から取り組む。ちょっとしたことですぐ挫《くじ》けたり、あきらめたりしない……これらのことは、幸運気質のただよう人には共通して見られることです。

言葉にすれば簡単に聞こえますが、常にそのような行動を取ることは難しいものです。仕事で運に恵まれるか、そうでないかの分かれ目は、神様の手中にあるのではなく、普段からの姿勢や行動パターンにあるように思います。


努力というものは、中途半端な形で終わらせては駄目です。やるぞと決めたら、持てる力をすべて注ぐくらいの気持ちで取り組む。努力には、ここまでくればおしまいなどという限界はありません。人は「生きている限り、死ぬまで努力！」です。

努力を続けていれば、いつか必ず花咲くときがきます。「1万時間の法則」について聞いたことがある人もいるでしょう。

「人は何かを習得したり、成し遂げるのには1万時間の努力が必要である」という理論で、アメリカの心理学者アンダース・エリクソン教授がクラシックのプロ演奏家やアマチュア、さまざまなレベルの人たちの練習時間を調査したところ、エキスパートになるには約1万時間費やされている、という事例から導き出されたものです。

スキルを磨いて成功するには約1万時間かかるというこの法則は、スポーツや頭を使った学習など、どの分野においても、たいてい当てはまると言います。

すべてのことにおいて、エキスパートになる必要はありません。しかし、仕事や趣味で、これは自分のものにしたいと思うものがあれば、それくらいの努力や練習が必要であることを知っておくといいでしょう。

ただ、目標達成にふさわしいだけの努力を精一杯しているつもりなのに成果が現れないときは、努力の方向や方法に問題があるかもしれません。

実力の割には目標が高すぎる、目指すものが自分の適性に合っていない、効果の低いやり方をしている……そんなときは、間違った努力をしている可能性があります。そういう人は、今一度努力のやり方を見直したほうがいいと思います。

もっとも正しい努力を尽くしたものの壁にぶつかり、それ以上は自分の力でどうにもならないというときがあります。努力する筋道も間違っておらず、やり方も的確だったのに行き詰まった――。

そんなときは、「まだ努力不足なんだな」という気持ちになることです。そして、焦《あせ》ることなく、いい意味で開き直る、つまり自然の流れに任せるのです。

そうすると、それまで見えなかった大事なことにはたと気づいたり、DNAのランプが灯って、眠っていた能力が開花したりして、突然展望が開けることがあります。ですから最後の最後まで、けっしてあきらめてはいけません。

ベストな判断と選択をし、正しい努力を根気強く続ける。最後の瞬間まで情熱を持ち続け、1ミリたりとも手を抜かない。その連続の果てに、運はやってきます。そして、運に恵まれれば、ますます仕事は面白くなる。この醍醐味《だいごみ》を味わえるようになれば、仕事なしには生きられないほどのやり甲斐を見出だせるようになるでしょう。

「ひと手間かけること」が成果に厚みをもたらす

以前、寿司職人をたった3カ月で養成するという専門学校の卒業生たちだけで運営する高級志向の寿司店が、権威あるグルメブック『ミシュランガイド』のビブグルマン（コストパフォーマンスのよい良質な店に与えられる評価システム）で評価された、という話を聞いたことがあります。

これは、寿司の味にスポットライトが当たったわけではなく、おそらく店の演出や独自の仕入れルートなど、味以外に関する経営のセンスが際立っていたのだと思います。

寿司職人の世界では、一人前になるのに「シャリ炊き3年、合わせ5年、握り一生」と言われるほど長い修業期間を要します。

1年目は皿洗いと掃除、2年目から飯炊き、3年目で玉子焼きや小魚を焼くことを教わり、5年目あたりから巻物を任され、7年目からようやく寿司を握らせてもらい、独立するまでにおよそ10年かかると言われるほどです。

それだけの長い歳月をかけて寿司職人になった人と、3カ月の訓練だけで寿司職人になった人とでは、当然、技術や立ち居振る舞いはもちろんのこと、接客の仕方から店の雰囲気づくりまで、何から何までレベルが違うはずです。

合理的な考え方をする若い世代からすれば、下積みが長い従来の修業は無駄が多いと感じるかもしれません。

でも、それは違います。たとえば掃除や皿洗いからは、店内をきれいにしたり整理したりすることの大切さを学ぶでしょうし、一つひとつの調理を時間をかけて教わることからは、丹精を込めてつくることの大切さを理解するでしょう。

そして何より、耐えて努力を続けることの値打ちを学びます。長い時間をかけた修業は、調理などの技術だけではなく、一流の寿司職人に必要な考え方や発想、姿勢といった無形のものも身につけさせるのです。

そうやって長い下積みを経て、実力をつけた寿司職人は、どんな店でも通用するでしょうし、多少の逆風に吹かれることがあっても、それに耐え得るだけの底力を備えているはずです。

もちろん、数カ月足らずの修業で職人になったほうが手っ取り早いから、その道を選択するという人は、それでいいのです。別に高級店だけが寿司屋ではありません。寿司屋にも、いろいろな形の需要があります。子ども連れの家族が気楽に楽しめる店も、なくてはならない大事な存在です。

3カ月の修業でなる寿司職人、10年の修業でなる寿司職人、どちらが上でどちらが下ということは本来ありません。ただ職人として一流を目指し、いずれそれなりに格式のある店をかまえたいというなら、わずか数カ月の修業では通用しないということです。

長い歳月をかけた寿司職人としての修業は、一見無駄と感じるような努力でも、どこかでそれが必ず生きることを教えてくれます。

私自身も自らの仕事を振り返ると、それと似たことに思い当たります。入社したての新人時代は、仕事と言えば雑用ばかりです。見積書の検算、英語の資料の翻訳、上司が書いた文書の清書など、くる日もくる日も雑用をさせられ、「自分の力が発揮できる、もっと違う仕事がしたい」と思っていました。

ところがそうした雑用は、後から振り返ると、さまざまな形で役に立っているのです。見積書の数字から会社の経営が見えてきたり、社内資料や上司の報告書からは業務の内容や仕事の流れがつかめたり、英語力が海外との接点となってニューヨーク駐在につながったり、無駄なことは何一つとしてなかったのです。

目標まで最短の道を選んで効率的に進もうと考えると、無駄な努力やひと手間かけることを極力省こうとするでしょう。ところが、そうやってコスパを緻密《ちみつ》に考慮した努力は、思うような成果を得られなかったりします。

反対に、要らないと思えるような回り道の努力のほうが、後々役に立ったりするものです。

努力には多少の無駄や遠回りと思えるものがあったほうが、結果に〝厚み〟が出る。このことは不思議と言えば不思議ですが、だからこそ面白いとも言えます。

努力と成果の関係には、目に見える有形のものと、目に見えにくい無形のものがあるということです。その両方が大事であるとしっかり認識した上で、自分の努力をよく見つめてみるといいと思います。

「体で覚える」ことをあなどるな

中学2年生のとき、私は父親からあることを言いつけられました。父が投資している株価の上がり下がりを示す罫線図《けいせんず》を、1週間に1回まとめてグラフにしておいてくれというのです。

そこで私は新聞の株式欄の数字チェックが日課となり、電機メーカーをはじめ何社かの株価が上がったときは青、下がったときは赤の罫線にして図を作成しました。お金の動きを記録するわけですから、間違えないことが第一です。

私には他に兄弟が何人もいましたが、父が私を選んだのは、いつも家で本ばかり読んでいるので、役に立つと思ったからでしょう。

当時、父が命令したときの真剣な顔は、今でも覚えています。

そのうち私は、なぜ株が上がったり下がったりするのか、その背景に興味を抱き始めました。そこで株の値動きに影響を与える企業動向や、政治や経済のマクロな動きなど、それを報じる新聞記事の見出しを抜き出して、毎日ノートにつけることにしたのです。この作業は約2年間、高校に入るまで続けました。

そして、このときやったことが、後に社会に出て仕事をするようになってから、陰に陽に役に立っていくのです。私は最近になって、そのことにはたと気づきました。ああ、そういうことだったのか……とブーメランが長い長い弧を描いて戻ってくるような感じで、突然腑《ふ》に落ちたのです。

伊藤忠商事に入った私が最初に配属された食糧部は、大豆をはじめとする穀物を扱います。穀物の買いつけは、さまざまな要因によって変動する値動きを見て判断しなくてはなりません。これは、まさに株に似ています。

中学生のとき、父から言われてしぶしぶやっていたことが、血肉のように体に深くしみ込んでいたのでしょう。

株価のグラフを描くときに覚えたことや、経済の動向に対する感覚が、後の仕事にかなり生かされていたと、今になって思うのです。

上司から相場の値動きをよく知っているなと驚かれたり、予想外の価格変動が起これば、その背景にはこんなことが理由としてあるんだろうなと推測して咄嗟《とっさ》の対応ができたのは、中学生のときの経験の賜物《たまもの》だったのです。

当時の父の言いつけは、本当は感謝しなくてはならないことでした。あのとき父に株価のグラフ作成をさせられなければ、若い時分、あれほど仕事に興味を持つこともなく、今の私はなかったかもしれません。

ここで改めて思うのは、自分の血肉となるほど深く刻まれた知識は、必ず役に立つ日がくるということです。これがＡＩにはない、人間の能力の不思議なところです。

いかなる学びでも、それが読書であっても、体全体を使うことが大事です。読むだけではなく、手を動かしてノートに書いたり、声に出して自分の耳に入れたりする。ときには人に喋って相手の反応を見ながら、自分の考えを客観的な目線で確認する。

そうやって自分の体の一部になった知識や考えは、いざというときに思いもよらぬ力を発揮してくれるものです。

「学ぶこと」は本来、「体を使うこと」なのでしょう。そのことを、みなさんにも深く理解していただきたいと思います。

第二章

未来の仕事を先取りする

未来の仕事を先取りしないと、取り残される

誰もが年を重ねると保守的になり、変わることを怖がる傾向にありますが、それはなぜだと思いますか？

おそらく若い頃に比べて好奇心が薄れてしまうので、新しいことを知ろうという意欲が減ってしまうからでしょう。

また年を取るにつれ、体のあちこちが痛くなったりして体のメンテナンスにかける時間が増えるので、仕事をする時間も必然的に減ってしまいます。

かたや、ＩＴやＡＩ技術の進化により、一つのスキルで一生食べていけるような時代は終わりました。何歳になろうが、退職間近になろうが、誰しも新しいことを取り入れていかないといけなくなったのです。

「中高年になっても老体に鞭《むち》打って、新しいことを学ばなくてはならないのか？」

そんな声が聞こえてきそうですが、中高年であっても、変わろうとする意欲が若者より旺盛であれば、われわれは経験の数においては若者に負けないわけですから、対等に

張り合うことはできるはずです。

昔は新卒で入社した会社で、定年まで働くのが普通でしたし、私もそうでした。でも2022年にマイナビ（就職・転職情報を提供する会社）が「初めて仕事を辞めたとき」のことについてアンケートをしたところ、3年以内に辞めた人の割合は、なんと66・4％でした。私が入社した60年前からすると、隔世《かくせい》の感があります。

一方で少子化に伴い、若者を優遇する企業も年々増えていますし、中高年に対し、早期退職を促す企業も多くなっています。

結果として、同じ会社で定年まで働き続けたい中高年は、若者と競争することになってしまいます。

保守的で変わることを恐れる中高年は若手から敬遠され、結果が出せず会社に居場所もなくなり、肩身の狭い思いをする一方で、同じ中高年でも、自ら変わろうと知識を貪欲に吸収しながら新しいことに挑戦し、失敗から学び、若手から教えを請おうとする人たちは、それまでに重ねた経験との相乗効果もあって、どんどん伸びていくでしょう。

あなたは変わることを恐れたり面倒くさがったりせず、変化することに意欲を持っていますか？

一見、些細な違いに思えます。でも、この意識の差が、ほんの1、2年で、取り返しがつかないほどの大きな〝実力の差〟になってしまうのです。

私自身、現在84歳ですが、興味を持っているＡＩについて、研究者と話し合う時間を定期的に持ち、時代に取り残されないよう常にアップデートを心がけています。

新しいことを知るということは、いくつになっても、とてもエキサイティングなものですし、「前のめりになって、変化を楽しむ」ということを一度味わうと、習慣になります。中高年のみなさんにも、ぜひとも変化することをもっと楽しんでほしいと思っています。

AIが持ち得ない「感性」をフル活用する

経済学者の成田《なりた》悠輔《ゆうすけ》さんは著書『22世紀の民主主義』（ＳＢクリエイティブ）で、「人間の政治家はいらない。ＡＩにすべてを任せてしまえばいい」と発言されています。

家やオフィスや街で発する言葉、表情、心拍数など国民一人ひとりのあらゆる情報をインターネットや監視カメラで吸い上げ、膨大な民意データを収集する。それを解析して国民が生活のなかで何を重視しているか、何を社会に期待しているかを探る。その上で国内総生産や健康寿命の目標値を考慮し、アルゴリズム（計算手順）に従って最適な政策を選択していく——成田さんはそんな「無意識データ民主主義」を主張します。

たしかに昨今の政治家の体《てい》たらくを見れば、絵空事《えそらごと》とは言え、ＡＩに任せたほうがマシかもしれないと、つい思いたくなることはあります。

このアイデアは、実際にすべての政策立案、遂行の判断をＡＩに任せたら、社会はどの程度うまく回るのか、国民はおとなしく従うのか、行政官はどういう仕事をすればいいのか、そもそもＡＩが導く結論は正解なのか——、そんなことをあれこれ想像させます。

少なくとも、これからの民主主義のあり方を考える上では示唆に富んだ〝思考実験〟かもしれません。

政治をＡＩに任せてしまえばいいという発想と同様、会社の経営もＡＩに任せればいいのではないかと考える人もいるようです。

しかし、組織の規模や仕事の内容にもよりますが、ＡＩに会社の経営を委ねるのは難しいでしょう。その理由は、大きく二つあります。

一つは、ＡＩそのものが必ずしも正解を導くものではないということです。それはＡＩに何を学習させているか、その内容次第で正しく判断できるものと、そうではないものに分かれるからです。

ＡＩは、正しいと教えられた答えを導き出すのは速くて正確ですが、あくまで収集したデータの範囲内でのことです。データの範囲外のことについて、人間の能力を遥かに上回るスピードで最適解を出すなどということはできません。

ＡＩはチェスや将棋の名人に勝ってしまうほど、精度が進化しています。チェスや将棋においてＡＩが人に勝つのは、ゲームのルールがはっきり決められているため、正解に辿《たど》り着きやすいからです。

米国アマゾンは、数年前にＡＩによる採用プログラムの開発をやめたといいます。過去の履歴書のデータをもとにした採用プログラムを組んだところ、履歴書が性や人種によって不当に差別されることがわかったからです。

つまり、ＡＩが学ぶ過去のデータが潜在的に差別や偏見を含んでいれば、ＡＩの最適解に偏りが生じるのです。

イタリアの銀行では、ＡＩでローン審査を実施したところ、外国籍の女性が審査に通りにくいことがわかったそうです。このケースはバイアスを軽減するアルゴリズムを新たに組み込むことで公平性が改善されたと言いますが、結局ＡＩは、何を学習させたかを人間が十分に理解した上で使わないと、危険な結果を導き出すこともあるのです。

仮に経営をＡＩに任せるとなった場合、それなりの規模を持った会社であれば、未来にどのような変化が起こり得るかも含め、気が遠くなるほど膨大なデータを学習させなくてはなりません。

環境の変化や商品の需要動向、世代別の消費指向、従業員の人間性、心理傾向や行動パターン、技術開発の見通し、取引先の事業展開等々……あまりにも集めるべきデータの範囲が広すぎますし、しかも常に変化しているので、それらを完全に近い形で収集するのは不可能です。

ＡＩが正確な経営判断をしていくに足るだけの十分なデータを集め、偏りのないプログラムを組むのは至難の業でしょう。

二つ目の理由は、ＡＩには責任の取りようがなく、かつＡＩが導いた判断そのものには、人の心を動かす力は内在されていないということです。

ＡＩは、その判断に誤りがあって会社に損害を与えたとしても、責任を取れません。会社に損害をもたらした場合、ＡＩを代行して代表者が責任を取って謝罪するしかありませんが、基本となる判断も指示もＡＩに依存しているわけですから、代表者の言葉を信じる人はいないでしょう。

一方、経営のトップが自らの頭と意思で判断し、指示したものであれば、当然説得力もありますし、責任の重みも違います。

私が社長として伊藤忠商事の巨額の不良債権の一括処理と無配を決めたときは、株主、取引銀行、会社ＯＢをはじめ、社内外の反対にあいました。

「人員削減や不動産の売却で、少しずつ損失を埋めていくべきだ」というのが大半の主張でした。しかし、このままでは腐ったりんごのように会社は衰退し、根本から信用を失ってしまいかねない。そんな危機感を抱いた私は、「将来は必ず収益を上げて、高い配当を実現するので、ついてきてほしい」と方々に頭を下げ、説得を重ねました。

ときには「会社がつぶれたらどうするんだ！　責任を取れるのか」と大株主たちから強い口調で詰め寄られました。イギリスやドイツなど海外の株主や債権者、投資家などには、財務担当専務と一緒に、必死で説明をして回りました。このときも厳しく経営責任を問われ、何度も決裂寸前の口論になりました。

しかし結果的には、マーケットは不良債権の一括処理を評価してくれました。激しく私たちを責め立てた投資家や株主のなかには、説明の翌日には株を買ってくれた人もいて、私自身感動したことを今でも覚えています。

このような状況のとき、もしＡＩが経営判断の決定権を担っていたとしたら、どうなったでしょう。

ここからはＳＦの世界です。私が自分の頭ではどうするべきか判断できず、ＡＩが不良債権の一括処理と無配を最適解として出したとしましょう。

そのとき、私がＡＩの指示に従って周囲を説得するには限界があります。なぜなら自らの頭と意思によって出した結論であればこそ、私は強い信念と情熱を持って相手を説得できる。しかし、ただおとなしくＡＩの判断に従って仕事をするだけなら、人の心を動かす情熱など持ち得ません。

相手を是が非でも説得しようという気迫も生まれません。その結果、不良債権の一括処理と無配の判断は大勢の意見によって引っくり返され、不良債権はそのままに、無難な道を選択する可能性が高くなるでしょう。

仕事は、能力や人間性を前提とした信頼の上に成り立つものです。ＡＩが経営にまつわるすべてをこと細かく判断し、従業員はそれにただおとなしく従うだけであれば、社員間の関係性は希薄なものになります。

上司が何か指示を出しても、それがＡＩの判断によるものであれば、部下と上司の間に信頼関係は生まれません。互いの能力を認め合うなかで生まれるはずの社員同士のつながり、連帯感といったものもなくなるでしょう。

またＡＩの奴隷のようになって仕事をするだけでは、仕事へのモチベーションも生まれず、会社はやがて活力を失いかねません。

個人がシンプルなビジネスモデルの商売をするなら、ＡＩに経営の主要な部分について判断を任せることはあり得るかもしれません。ただ、規模がそれなりに大きく、業務内容が複雑で多岐にわたっているような会社であれば、ＡＩに経営判断を委ねるのは危険すぎます。

この先、ＡＩが驚くほど高度な進化を遂げればわかりませんが、それはもう少し先の話になるでしょう。

今の段階ではＡＩによる会社経営は、まだＳＦの世界の話だと思います。

ただし今後は、経営以外の多くの仕事には、ＡＩがこれまでの社員以上の力を発揮することは間違いないでしょう。

なぜ日本は生産性が突出して低いのか

箱根駅伝で幾度も優勝している青山学院大学陸上競技部のキャプテンは、２０２３年の箱根駅伝では選抜チームのメンバーに選ばれず、それまでも箱根を一度も走ったことがなかったそうです。

たいてい運動部のキャプテンは実力を伴ったレギュラー選手から選ばれることが多いので、このように控えの選手がキャプテンになるケースは珍しいかもしれません。

聞くところによれば、このキャプテンは他の部員たちの推薦で選ばれたそうです。つまり、皆からの人望が厚く、リーダーの資質を持っている人だったのでしょう。

控えの選手だからといって、リーダーとして不利なことはないと思います。むしろ控えという位置にいるからこそ、部員全員に細かく目が行き届くという面もあります。

選手としての力量も備わっていないと、チームを引っ張っていくリーダーにはなれない。そんな常識的な見方に部員や監督は囚われることなく、純粋な目で見て、どういう人物がリーダーになるべきかがよくわかっていたのでしょう。

運動部のリーダーは、レギュラー選手だけを見ていればよいというものではありません。レギュラーを目指している選手、裏方としてがんばっている選手などにも目配り、気配りができ、結果としてチーム全体の力を引き上げられる人物でなくてはなりません。このキャプテンは、おそらく皆からそのような期待をかけられる存在だったのでしょう。

適材適所という言葉がありますが、青山学院大学陸上競技部のキャプテンの選ばれ方は、まさにこの言葉を彷彿《ほうふつ》させます。競技の実力ゆえ皆から一目置かれてリーダーになるのではなく、純粋にリーダーの資質を備えているからリーダーになったわけですから。

仕事もこのように、その人がもっとも力を発揮できる場所に配置されることが理想です。会社組織においての適材適所とは、その人がもっとも生き生きと働けるポジションを見つけることです。

ただ、人材マネジメントの難しさは、長所、短所が環境や条件の違いによって変わる面があることです。長所がときに短所となり、短所と思われている部分が環境が変われば長所になる。そうしたことは会社組織などにおいては、しばしば起こります。

たとえば、能力が抜きん出ている上司は部下に仕事を任せられず、人材があまり育たないかもしれません。臆病ゆえに思い切った決断ができない人は、仕事を慎重に進めることで堅実な結果を出すかもしれません。せっかちな人は仕事が早いものの、ミスが多いかもしれません。喋るのが下手な人はかえって取引先に誠実な印象を与えるかもしれません。長所と短所は状況によって、いくらでも変わるのです。

人材が適切な場所で、適切に生かされる。そのマネジメントが上手な組織ほど伸びるわけですが、終身雇用や年功序列を前提とした縦割りの日本の雇用スタイルは、どの業務もバランスよくこなすゼネラリストタイプを育てることに重点が置かれてきました。

それゆえ能力や技量を分析して人材を適切に配置するといったことが、あまり行われてこなかったのです。その弊害、つまり生産性が先進国の中でも突出して低いなど負の部分が現在、問題となっています。

個人のスキルや能力というものが強く求められる昨今、これまでと変わらぬ人材マネジメントをしていては、日本は衰退する一方です。何よりもゼネラリストタイプの仕事は、数年後には消滅しているはずです。日本的企業風土のなかで、適材適所のマネジメントをいかに行うか。そのことが今、強く問われているのです。

大企業の時代が終わって、今求められること

適材適所ということに関しては、人材をマネジメントする側だけでなく、マネジメントされる側も自分の能力がいかなる条件や環境のもとで生かされるか、ひいては自分が果たす役割は何なのかをしっかり把握しておく必要があります。

これからは大企業ではなく、中小企業や個人が世界とビジネスをする傾向が、ますます強まると思います。能力というのは、言うならばその人にとっての武器です。早い段階で、自分にどのような武器があるかを自覚し、それを磨くことがこれまで以上に求められます。

経済を動かす軸が、大企業から中小企業や個人へシフトしていく流れができているのは、大量生産の時代から、多品種少量生産へ産業構造が変化していくからです。

この多品種少量生産の流れを促す背景には、少子化に伴う人口減少、嗜好《しこう》の多様化、そして「所有からシェア」という志向の変化があげられます。

そうなれば、大人数の社員はそれほど必要ではなくなり、かえって中小企業の組織のほうが優位になってきます。企業の枠を超えて協働するプロジェクトチームや、自分の力量だけで仕事をする個人の存在感も増していくでしょう。

この流れに拍車をかけるのが、DX（デジタルトランスフォーメーション）の推進です。経済産業省が発表した「DX推進ガイドライン」によると、DXとは要約すると「企業がデータとデジタル技術を活用して、製品やサービス、ビジネスモデルを変革するとともに、業務や組織、企業文化を変革し、競争上の優位性を確立すること」と定義されています。

つまりDXとは、ITを活用して、ビジネスモデルや組織、企業風土を根本から変えることです。DXが本格的に進めば、組織の効率化がはかられますから、大企業は社員数を合理的に減らし、組織はますますスリムになるでしょう。

アメリカのツイッターやメタ（旧フェイスブック）、アマゾンなどが大規模なリストラを行っていることが昨年、話題になりましたが、その基準で日本の大企業を見ると、かなり甘いと言わざるを得ません。

かくして多品種少量生産への流れやDXの推進によって、大企業の中小企業化が進み、個人プレイヤーの存在感が一層際立ってくるというわけです。

その一例として、自動車産業を見てみましょう。日本の基幹産業である自動車産業は、人口減少、消費者のクルマ離れといったことに加え、生産体制の主軸が電気自動車に切り換わっていくことで、組織のあり方を劇的に変えていかざるを得なくなっています。

エンジン式自動車が電気自動車に置き換えられる流れは、言うまでもなく地球温暖化の原因である二酸化炭素排出量を抑制する脱炭素社会を目指す動きが背景にあります。

政府は２０２１年には「２０３５年にはすべての新車を電気自動車にする」戦略を策定

しました。

従来のエンジン式自動車は、数多くの複雑な精密部品でつくられているため、部品を製造している系列企業間の緊密な連携が必要です。これが新規企業の参入にとっては、大きな障壁になっています。

ところが、モーターやバッテリーなど基幹技術の組み合わせで駆動させる電気自動車は、部品が少なくてすみ、車体構造がシンプルなため、簡単に組み立てられます。そのため、他業種からの参入もしやすくなります。そうなると系列の枠を超えた「組み立て産業」化が進み、部品を買い集めて、自動車を製造していく方式になります。

場合によっては、自動車メーカーはプラットホーム（車台）だけをつくり、上に載せる車体やモーターは、すべて他社から提供されたものになることも考えられます。

人口減少により生産台数が減っていくことも考え合わせれば、自動車メーカーは今までのように大きな組織である必要はなくなります。

トヨタが「これからは自動車メーカーでなく、モビリティサービスの会社を目指す」と表明しているのも、自動車づくりだけに徹していては今後、会社のダウンサイジングが避けられないことを危惧《きぐ》しているからでしょう。

ましてや今後は、あらゆるメーカーにおいてＡＩやロボットをこれまで以上に活用す

るでしょうから、メーカーの仕事内容も早晩、激変するはずです。

ギグ・エコノミーが「働き方」を大きく変える

大企業のあり方が問われるのは、自動車産業だけではありません。時代のこうした流れは、広い業種にわたって、これまでの組織のあり方を揺さぶるでしょう。

そうした変化のなかでは当然、個人の働き方も大きく変わっていきます。

私が注目するのは「ギグ・エコノミー」です。ギグ・エコノミーは、一般的に「労働者がインターネットを使って単発、または短期の仕事を請け負う働き方や、それでお金が循環する経済」を意味します。

ギグとはもともと、ミュージシャンが集まって突然始める単発のセッションや、ソロで行う単発の演奏を指す英語のスラングです。

要は、ルールに縛られない自由な働き方のことであり、たとえばコロナ禍をきっかけ

に急成長を遂げたフードデリバリーの「ウーバーイーツ」で働く人は「ギグ・ワーカー」になります。

しかし、私がここで言うギグ・エコノミーは、企業の就業規則などに縛られない自由気ままな働き方ではなく、フリーランスとして企業内で単発の仕事を従業員が請け負う「社内副業スタイル」、あるいは従業員が会社に申請して社外で副業する「社外副業スタイル」のことです。

こと大きな組織で働いているビジネスパーソンは、縦割り組織によって限られた仕事しかできず、生産性を上げることが難しくなっています。

その閉じた状況を打ち破るのが「兼業」「セカンドワーク」であり、私はこうした働き方がこれからのビジネス社会において、大きな役割を果たすだろうと予測しています。

たとえば、正社員として所属する企業の仕事と並行して、異なる企業の社員たちとつくった組織でも働く。会社に籍を置きながら、別の会社が立ち上げたプロジェクトチームに期間限定で参加する。所属する組織を超えて、人材や技術がヨコにつながっていくギグ・エコノミーは新しい仕事を生み出し、社会全体の生産性を上げる可能性を持っています。

このようなビジネスモデルを容易にしているのが、インターネットやAIといったツールです。

実際、ギグ・エコノミーの芽は、あちこちで吹き出しており、次のような例もあります。

2020年、ヤフーがギグパートナー（副業人材）を公募したところ、4500人以上の人たちが応募しました。そのなかから日本居住者のみならず、中国とフランスに暮らす2人を含む104人が「事業プランアドバイザー」「戦略アドバイザー」「テクノロジースペシャリスト」として採用されました。

年齢層も幅広く、最年少は10歳、最年長は80歳だそうです。年齢や国籍をまったく問わないところに、ギグ・エコノミーの多様性が示唆されています。

この試みは、成果を上げているのでしょう。ヤフーでは、その後も継続してギグパートナーの公募を行っています。

このようにギグワーカーたちが集まった企業内プロジェクトチームやイノベーション・カンパニーが、これまでにない新しいビジネスを生み出す可能性は大きいでしょう。

一つの組織に縛られず、複数の会社や単発のプロジェクトで副業をする人たちによるギグ・エコノミーの流れは、これからますます加速していくはずです。

スキルや専門性がない人は求められなくなる

ギグ・エコノミーがビジネス社会に浸透してくると、働く人の技量や能力は、今まで以上に求められるようになります。

ギグ・エコノミー化現象は、コロナ禍を契機に一層広がりつつありますが、それと同時にコロナ禍によるリモートワークの普及がきっかけで改めて問われているのが、日本企業が採用してきた独自の雇用形態です。

日本企業が採用してきた雇用形態は、「メンバーシップ型雇用」と言われています。

新卒を一括採用し、入社後は業務内容や勤務地を限定せず、転勤や移動、ジョブローテーションを繰り返しながら、長期的に人材を育成していく雇用システムです。正社員として採用した社員を定年まで雇用し続ける「終身雇用」や、年齢・勤続年数に応じて役職・賃金を上げる「年功序列」を前提としています。

戦後、経済を立て直し、高度成長を支えるためには長期的に労働力を大量に確保する必要がありました。メンバーシップ型雇用は、まさに高度成長期に合っていた雇用システムだったと言えます。

「会社の経営方針・育成の観点から、従業員の部署や勤務地を迅速に異動させることができる」「帰属意識のある人材を育てることでチームワーク意識が高まる」。こうしたことはメンバーシップ型雇用のメリットですが、一方で「年功序列制度を前提としているため、勤続年数が長い従業員が増えるほど人件費が上昇し、企業の負担になる」「ゼネラリスト人材ばかりを育成するため、専門的な知識や技術が身につかず、生産性が向上しない」といったデメリットもあります。

これと対照的なのが、欧米で一般的な「ジョブ型雇用」です。業務内容（ジョブ）・

勤務地・待遇・給与が明確に決められ、雇用された側は、ジョブ・ディスクリプション（職務記述書）によって規定された範囲内でのみ働くという雇用システムです。

年齢や勤続年数に関係なく、スキルや専門性、成果に応じて評価され、給与が変わります。そのメリット、デメリットは、メンバーシップ型雇用におけるメリット、デメリットをちょうど反転させた恰好になります。

経済のグローバル化が進み、テレワークやリモートワークが定着してくるなか、日本の企業を支えてきたメンバーシップ型雇用は、時代に合わなくなってきています。

そのため、メンバーシップ型雇用の方針を見直し、ジョブ型雇用を部分的に取り入れる企業が増えているのです。

たとえば、ユニクロのファーストリテイリングは２０２３年1月、役員報酬をやめ、実力報酬にすることを決めましたが、こうしたジョブ型雇用の要素を導入する動きは、ギグ・エコノミーの浸透とも相俟《あいま》って今後、加速するでしょう。

ただ、日本の多くの企業が、メンバーシップ型雇用からジョブ型雇用へ１００％変わることはあり得ません。メンバーシップ型雇用には日本人の気質や考え方に合った部分もあり、全面的にジョブ型雇用へ転換するとなると、さまざまな軋轢《あつれき》や反発もあるでしょうし、デメリットも少なくないからです。

今後は、メンバーシップ型雇用とジョブ型雇用の要素をうまく組み合わせる形で、さまざまな模索が行われていくでしょう。

その際、もっとも考えられるのは、メンバーシップ型雇用の正社員を減らし、ジョブ型雇用の非正規社員を増やすスタイルです。ただこれは昨今議論されている経済格差、世代間格差の問題をさらに深刻化する恐れがあり、非正規社員の給与体系、社会保障費、労災補償をどうするかといった解決策と並行して考えていく必要があります。

だからと言って、メンバーシップ型雇用の従業員とジョブ型雇用の従業員を、はっきり分ける必要はないと思います。

大学を卒業してから何年かは非正規社員として働きながら技術を身につけ、専門性を高めるために仕事をする。その期間を経た上で正社員になり、それまでに身につけた自らの技能を生かす。あるいは、新卒で正社員として40歳くらいまで仕事をし、その後は成果に応じて報酬を得るジョブ型雇用の契約に切り替える。このように雇用の仕方や働き方には、さまざまな形があっていいはずです。

どのようなスキルや専門性が身についているのか、それをいかに磨くのか、どのような職種であれば自分のスキルが生きるのか、そしてＡＩとうまく共存できるのか、そんなことが、ますます強く問われる時代になっているのです。

ところで、最近耳にすることが多くなったリスキリング（スキルの学び直し）ですが、スキルや専門性は一朝一夕に身につくものではありません。普段から自分の専門性を意識して働き、「自分に○○の知識があれば、もっと仕事の幅が広がるのではないか」と思うことがあれば、自ら知識なりスキルなりを学ぶ。この姿勢こそが、ＡＩに代替されないためには重要だと思います。

アメリカ型資本主義も変わりつつある

環境破壊、貧富の格差、社会の分断など、さまざまな問題がグローバルな規模で深刻化するなか、資本主義システムのあり方を見直そうという動きが近年、活発になっています。その一つが、「企業の使命は株主利益の最優先と最大化である」という「株主第一主義」の見直しです。

「会社は株主のもの」という考え方に、私は以前から異議を唱えてきました。

そもそも株主は、会社の資本の一部を所有しているにすぎません。会社の設備や資産を運用する権利の一部を、株券を通して持っているだけなのです。

しかも株主の多くは、ＡＩを使って超高速で株の売買を繰り返す機関投資家です。彼らは株を所有、売買しているだけで、会社の発展を長期的な視野で応援しているわけではありません。

実際に会社を動かしているのは従業員です。つまり会社の本質は、「人」にあるのです。それを無視して株主第一主義を持ち出し、会社をただのモノのように売買したりするのは、会社の本質を見誤っているとしか言いようがありません。

しかし今、時代の振り子は長い時を経て、再び会社本来の姿を取り戻す方向へと舵を切りつつあります。

2019年、アメリカの大手企業経営者でつくる最大の経済団体「ビジネス・ラウンドテーブル」は、「企業の目的に関する声明」を発表しました。

声明には、団体の会長を務めるJPモルガン・チェースのCEOをはじめ、アップル、アマゾン、ゼネラルモーターズ（GM）、アメリカン航空など181人の経営トップが名を連ね、「株主第一主義」を見直すことを宣言しています。

「株主利益の最大化こそ企業の務め」という経営理念は、長らくアメリカ経済社会を動かす核心と言えるものでした。その嚆矢《こうし》となったのは、ノーベル賞を受賞した経済学者ミルトン・フリードマン（1912〜2006年）が主著『資本主義と自由』で提唱した「株主第一主義」の考え方です。

「企業経営者の使命は、ただ一つ。雇い主たる株主の代理人として、その利益に純然と奉仕することである。企業に環境保全や人種問題などの社会的責任を求めるのは資本主義ではなく、社会主義である」——これが、フリードマンが言わんとしたことです。

この理念が、やがて大幅な規制緩和と市場原理主義を推進する「新自由主義」となって、世界を席巻《せっけん》していくのです。

日本はバブル崩壊と、その後の長い景気低迷によって、終身雇用と年功序列、メインバンク制度に支えられた、それまでの日本的経営に自信を失い、変革の出口を求めて新自由主義を積極的に取り入れました。それが小泉純一郎元首相が果敢に進めた「小泉構造改革」です。

しかし、行きすぎた新自由主義は、結果的に国民の生活を不安定にさせ、格差を広げました。

格差の問題はもちろん日本だけでなく、トランプ前大統領を生んだアメリカをはじめ、欧州各国でも社会を揺るがす大きな問題になっています。

新自由主義のお膝元であるアメリカから、企業利益の追求を至上原理とする株主第一主義を修正する声明が発表されたのは、こうした格差の問題への取り組みをはじめとするＳＤＧｓ（Sustainable Development Goals）への意識の高まりが背景にあります。

「ビジネス・ラウンドテーブル」の声明を見てみましょう。

・顧客には期待を超える価値を届けます。
・従業員には適正な報酬と有意義な福利厚生の提供に加えて、急激に変化する世界に適応できるように新たなスキルを身につけるための訓練や教育を通じた支援をします。
・多様性と包摂性《ほうせつせい》、尊厳を育《はぐく》みます。
・サプライヤー（取引先）には公正かつ倫理的に対応します。規模の大小を問わず、私たちの使命の達成に貢献してくれる他の企業にとって、よいパートナーであろうと努めます。
・地域社会を支援します。地域社会の人々を尊重し、事業全体で持続可能なやり方を採用して環境を保護します。
・企業の投資、成長、革新を可能とする資本を提供してくれている株主には長期的な価値を生み出します。透明性や株主との効果的な関係を重視します。

声明は、顧客、従業員、取引先、地域社会、株主など、すべての利害関係者（ステークホルダー）に利益をもたらすのが、企業の使命だと述べています。

まさに「株主の利益こそ企業の目的」を金科玉条《きんかぎょくじょう》にしてきたアメリカ型資本主義の大きな軌道修正で、私もこの宣言を知ったときは正直、驚きました。

２０２０年の世界経済フォーラム（ダボス会議）の年次総会における主要テーマは「ステークホルダー資本主義」であり、脱株主第一主義の流れは今や世界的な広がりを見せています。

この流れに乗り遅れた企業が消費者から見放されてしまうのは、時間の問題と言えるでしょう。

今こそ、アダム・スミスの思想を見直せ

「株主第一主義」から「ステークホルダー資本主義」へ――。この流れを見ると、「ステークホルダー資本主義」があたかも新しい考え方であるかのように感じるかもしれませんが、そもそも株主第一主義がトレンドになる以前から、ステークホルダー資本主義は存在していました。

その主張は、経済学の祖と言われる、イギリスの経済学者アダム・スミス（1723〜90年）の思想にも、はっきりと示されています。

アダム・スミスと言えば、『国富論』（1776年）で書かれた「神の見えざる手」という言葉が経済の事象を語る際に、しばしば引用されます。この言葉は、「個人個人が私利私欲を追求しても、市場に任せれば、結果的に社会全体は豊かになる」という「自由放任主義」として理解されることが多いようですが、私は誤解だと思っています。

『国富論』をよく読むと、個人が利益を追求する行為には、おのずと効率と安全というものが包含《ほうがん》されており、その結果、適切な資源配分がなされ、国全体が豊かになると書かれています。

つまり、国民が豊かになるには、効率と安全が必要であり、その前提として最低限の道徳がなくてはならないということです。

『国富論』のなかで、スミスは、権益を独占する商人の強欲さを批判し、労働者の賃金問題に関して経営者に道徳的配慮を求めています。

こうした道徳の問題に深く言及したのが、『国富論』に先立って著《あらわ》された『道徳感情論』（1759年）です。そのなかでスミスは、「人間社会のすべての構成員は、それぞれに必要な援助が、愛、謝意、友情、および尊敬にもとづいて互恵的に与えられている場合、その社会は繁栄するし、幸福である」と述べています。

「愛、謝意、友情、尊敬」といった感情で互いがつながるには、道徳の意識が根底になくてはなりません。道徳心を持たずして、愛も友情も成立しないのです。

スミスは、道徳心が生まれる過程には虚栄心の存在が必然的にある、と言います。虚栄心の本質は、他人から評価されたいという気持ちです。

しかし、人から評価されるには、お金を稼ぐにしても、地位を求めるにしても、他人の利益を侵害しないような道徳心を持っていなくてはなりません。他人が自分を評価し、裁定《さいてい》する視線を意識することで、道徳心が培《つちか》われるというわけです。

国民全体を豊かにするにはどうすればいいか。その問いを追求するなかで、スミスは道徳にもとづいた〝他者への配慮〟が欠かせないと考えたのです。

つまり労働者や社会に対する道徳的配慮があってこそ、経済は健全にまわり、発展していくと説いたわけです。

スミスの『国富論』は、まさにステークホルダー資本主義につながる考え方と言えるのです。

「客のためになるもの」を売っているか

資本主義が、私利私欲を闇雲《やみくも》に追求し、弱肉強食の無秩序な世界を招かないようにするには道徳や倫理が必要と説いたのは、アダム・スミスだけではありません。

ドイツの社会学者マックス・ウェーバー（1864〜1920年）は、『プロテスタンティズムの倫理と資本主義の精神』（1904年）で、資本主義を健全な形で維持するには、企業家自らが高い倫理観を持たなくてはならないと論じています。

ウェーバーのいうプロテスタンティズム（ピューリタニズム）の倫理観は、神から賦《ふ》与《よ》された仕事に禁欲的に励むことで、神の意思が顕現《けんげん》して救われるという考えを土台にしています。

初期の資本主義は、こうしたピューリタニズムの倫理観によって、節度と公正さを持ち得たのです。会社は社会の公器であるという、ステークホルダー資本主義に通じる感覚の萌芽《ほうが》が現れているのです。

日本にもステークホルダー資本主義につながる伝統的な商売の哲学があります。よく知られているのが、近江《おうみ》商人の間で受け継がれている「三方よし」の考え方です。

「三方」とは、売り手・買い手・社会全体のことであり、三者がみな「よし」となる商いをするべきだという戒めです。

売り手は利益だけを目的とせず、買い手が心から満足するよう努力し、さらに商いを通じて地域社会の発展や福利の増進に貢献しなくてはならない。これが「三方よし」の考えです。

「三方よし」の理念が確認できる最古の資料には、利益は努力した結果の「おこぼれ」であるという利益至上主義をいさめる「利真於勤（利は勤むるに於《お》いて真《しん》なり）」、人知れず善い行いをする「陰徳善事《いんとくぜんじ》」といった言葉が並んでいます。

こうした「三方よし」の考えを広めたのが、伊藤忠商事の創業者、二代目伊藤忠兵衛《ちゅうべえ》（1886〜1973年）です。

近江商人の「商売十訓」は次の通りですが、国際的なガイドラインとして規格化されている企業の社会的責任（CSR）の視点と大いに重なるところがあります。

1　商売は世のため、人のための奉仕にして、利益はその当然の報いなり
2　店の大小よりも場所の良否、場所の良否よりも品の如何《いかん》
3　売る前のお世辞より売った後の奉仕、これこそ永遠の客をつくる
4　資金の少なさを憂うなかれ、信用の足らざるを憂うべし
5　無理に売るな、客の好むものを売るな、客のためになるものを売れ
6　良きものを売るは善なり、良き品を広告して多く売ることはさらに善なり
7　紙一枚でも景品は客を喜ばせる。つけてあげるもののないとき笑顔を景品にせよ
8　正札を守れ、値引きは却って気持ちを悪くするくらいが落ちだ
9　今日の損益を常に考えよ。今日の損益を明らかにしないでは、寝につかぬ習慣にせよ
10　商売には好況、不況はない。いずれにしても儲けなければならぬ

こうしてみると、「三方よし」の考え方は、そのまま現代の企業理念としても通用することがわかります。古いものでありながら、同時にステークホルダー資本主義につながる新しさが、そこにはあるのです。

なぜ社員のモチベーションが上がらないのか

「株主第一主義」の見直しは、私からすれば当然の成り行きです。しかしながら実態は、思うほど進んでいないようです。

株価や自己資本利益率を押し上げる日本企業の自社株買いは規模を年々膨らませ、2022年は過去最高額を更新しました。同じく国内企業の総配当金額も2000年以降急激に増加し、2023年3月期には過去最高額を更新しています。

そうした状況を見ると、日本企業の、株主還元策に力点を置く姿勢は変わっていない印象があります。「株主第一主義」の見直しの気運は高まってはいるものの、ステークホルダー資本主義に移行するには、まだ時間を要する可能性が高い。

企業の成長への投資よりも、株主への還元を優先することが、どれだけ企業の成長意欲を阻害しているか、従業員のモチベーションを下げているか、その重大さを経営者はしかと認識しなくてはいけません。

「社員動かずして会社は動かず」ということを私はことあるごとに言ってきましたが、経営者は社員の重要性を今まで以上に理解することが大切です。

会社の目的は、3つあります。

一つは利益です。利益を出さなくては税金は納められず、社員にも十分な給料が払えません。結果として、社会的存在としての役割を果たすことができなくなります。

二つ目は社会貢献で、三つ目は永続性です。この永続性がなければ、先の二つの目的は果たせなくなります。

永続的に利益を出し続け、永続的に雇用を守り、社会に貢献していく。会社が倒産してそれができなくなれば、従業員を解雇したり、取引先への支払いや税金が払えなくなったりして、社会にとって不要のものとなってしまいます。

近年、ＣＳＲを事業展開のために戦略的に使う経営者が増えましたが、もとより会社は社会的存在であり、社会に貢献するためのものです。

株主を最優先する株主第一主義は、会社が社会の公器であることを忘れています。会社は、まず何よりも社員を主役とし、同時に社会にどのような貢献ができるかを考えなくてはなりません。

株主第一主義から、ＣＳＲに前向きに取り組むステークホルダー資本主義へ。それが、これからの世界標準の会社のあり方であり、最強の仕事を生み出すもとになるのです。

第三章　「人間の本質」を利用する

なぜ高齢者が陰謀論にはまるのか

コロナ禍においては、「インフォデミック（infodemic）」という概念が注目されました。

インフォデミックとは、情報（information）と感染症の広がりを意味するエピデミック（epidemic）を組み合わせた造語で、SNSなどを通して不確かな情報と正確な情報が広まる現象のことです。

コロナ禍が広がっていく過程においては、ウイルスの特性、ワクチン接種やマスクなどの対策に対して、何が正しくて何が間違っているのか定かではないさまざまな情報が溢《あふ》れ、どの情報に接しているかによって、立場や意見が大きく分かれました。

なかにはフェイク情報に踊らされ、陰謀論めいた見解に傾く人もたくさんいます。

このように、真実とフェイクが入り交じったSNSなどによる大量の情報が、人々の意識や考えを混乱させる現象は、世界中で起きています。

アメリカのトランプ前大統領の発言が象徴的ですが、日本でも新型コロナウイルスに関しては、何が本当かわからないという状況がSNSによって増幅されました。

まさに「anything can happen」。どの情報が正しいかわからず、膨大な情報の海のなかで的確な判断をすることがいかに困難か、しみじみ感じている人も多いでしょう。

そうなると何よりも大事なのは、自分の頭できちんと考え、正しく判断し、行動することです。そのためには「自分の価値判断の基準」をいかに広げるかがポイントになります。

そのために必要なのは、まずは読書。本を読むことで思考力を身につけ、ものごとを冷静に見つめ、きちんと判断する力を培う。読めば読むほど、不可解な「人間の本質」についても理解できるようになります。次に音楽などの芸術に接して感性を研ぎすまし、想像力を広げ、直観力を磨く。そしてさまざまな立場や異なる見解を持った人たちと、できるだけ多く接し、彼らの言うことに耳を傾ける。そうした努力で「自分の価値判断の基準」を広げていくのです。

「自分の価値判断の基準」が確固たるものになれば、バランスのとれた判断ができますから、この情報はおかしいとか間違っているといった、情報に対するリテラシーが高くなるのです。

玉石混淆《ぎょくせきこんこう》の情報に惑わされないために、もう一つ大事なことがあります。それは、人間が持っている「動物の血」を律することです。

人間には本質として、「理性の血」と、自然の本能とも言える「動物の血」が入り交じっています。

どれほど理性的な人であっても、根底には必ず動物の血が流れています。動物の血は、ときとして自分が生き延びるために人の命を奪うことまであり、それゆえ常に理性の血によってコントロールされなくてはなりません。

際限のない欲望、快楽、怒り、嫉妬《しっと》、憎しみといったものは、動物の血がなせるものです。そうしたものがあるからこそ人間らしさも生まれるのですが、それがコントロールできないほど表に出てくるのは問題です。戦争は、その典型例とも言えるでしょう。

では、情報リテラシーと動物の血との間には、どのような関係があるのでしょうか。

先ほど、情報リテラシーを高めるには動物の血を律する必要があると述べたのは、自分の欲望に従って情報に接していると、偏った正しくない情報に傾く危険があるからです。

人間には本質として、自分が見たいものだけを見、知りたいものだけを知ろうとするという傾向があります。つまり人は、自分の欲望を土台にし、そこから見たい世界を切り取っているのです。

たとえば、株の運用益で生活をしている人が、政府の金融緩和策によって株価が上がり、大きな利得を手にすることがあれば、もしその対策に明らかな弊害があったとしても、その経済対策を全面的に支持するでしょう。

SNSの普及は、そうした脳の傾向に拍車をかけています。いわゆる「エコーチェンバー」という現象がそうです。

エコーチェンバーとは、SNSを利用する際、自分と似た興味・関心を持つユーザーをフォローし、次に自分から同様の意見を発信すると、また自分と似た意見が返ってきて増幅される状況を、閉じた小部屋で音が反響する物理現象にたとえたものです。

ときには根拠のない陰謀論のように、自分の意見や思想が多くの人から肯定されることで、それが正しいものだと勘違いすることも起こります。エコーチェンバーによって、自分の意見や考えは揺るぎない正しいものとして固定されていくのです。

このように人は情報や知識といったものを、理性ではなく、自分の欲望に従って選びとる生き物だという認識を持つ必要があります。

たとえば、政治や社会の問題といったものが、一つの意見でまとまることはまずありません。必ずさまざまな意見や立場があります。

そこには客観性を持って理性的に考える人がいる一方で、社会が損害を被ったとしても、自分の立場や利得だけを考えて意見を主張する人もいます。後者の場合、こう考えたほうが自分にとって得だというような、動物の血を優先しているわけです。

理性の血を忘れ、感情に任せて情報に接すると、それらに対して正しく向き合えなくなるのです。年老いた親がいつのまにか陰謀論を信じるようになっていて驚いたという話を耳にすることがありますが、加齢で自制心が弱まり、理性の血が動物の血に負けてしまったのかもしれません。

おかしな情報に振り回されないためには、幅広い知識や、ものごとをバランスよく見るセンスを身につけるだけでなく、動物の血をコントロールする術《すべ》も身につけておく必要があるということです。

欲望は、「我慢する」のではなく「律する」

動物の血をコントロールするのは自制心です。この自制心が人生にどのような影響を与えるかを調べた「マシュマロ実験」という有名な実験があります。

元スタンフォード大学教授で、現在コロンビア大で心理学を教えるウォルター・ミシェル教授が、１９７０年に子ども時代の自制心と社会的成果の関連性を調査したものです。

マシュマロ実験は１８６人の４歳児が机と椅子があるだけの部屋に一人ずつ通され、実験者が子どもにマシュマロを一つ差し出し、「私はちょっと用がある。食べてもいいけど、15分後に戻ってくるまでに我慢できれば、もう一つあげる。私がいない間に食べたら、もう一つはなしだよ」と言って部屋を出ていき、その子どもたちの行動を観察するというものです。

一人残された子どもたちは、マシュマロを見ないように目をふさいだり、机を蹴ったり、小さな縫いぐるみのように撫でたりして、誘惑に抗《あらが》います。15分間我慢して二つのマシュマロを手に入れた子どもは、全体の約3分の1でした。

その後、40年にわたって追跡調査をすると、二つ目のマシュマロを手に入れた子どもは、大学進学適正試験（SAT）のスコアが平均点より210ポイントも上回っており、45歳のときは自分の希望する仕事に就いていたり、社会的・経済的地位が高い人の割合が目立って高かったのです。

このことから自制心の強い子どもは、そうではない子どもと比べ、勉強や仕事において成果を上げる割合が明らかに多いことがわかりました。

その後、別の専門家が再現試験を行ったところ、二つ目のマシュマロを手に入れられるかどうかは「子どもの育つ社会的・経済的背景」も影響することもわかりましたが、それでも自制心と社会的成果には、一定の関連性があるのは確かだと思います。

自制心があれば、それだけ努力ができる力があるわけですから、仕事で成果を出しやすくなるのは当然と言えます。もっとも、自制心を持つことの意義はそれだけではありません。

仕事で壁に阻まれたり、困難な状況に陥ったりしたときは、しばしば忍耐が求められます。耐える力、すなわち自制心とは、言い換えれば自分に打ち勝つ力です。

このとき、自分に打ち勝つ力のある人ほど、普段から自分を律する習慣を持っているはずです。

動物の血を優先させ、欲望の赴くままに生きれば、自分勝手な振る舞いになり、周囲との軋轢が生まれ、最後は孤立してしまうでしょう。

自分の欲望を「律する」という姿勢を忘れず、自分に勝つ力を備えている人は、荒ぶる動物の血を手なずけることができます。

一方で「我慢する」という感覚だと、ストレスがたまったり、心が折れてしまうことがあるかもしれません。ですから「我慢」よりは、「いい按配《あんばい》に整える」という感覚を伴う「律する」姿勢のほうが、動物の血をうまくコントロールできるように思います。

自分を上手に律する習慣を日頃から身につけていれば、仕事において成果を上げやすくなるだけでなく、困難な出来事があったときにも、必ずや役に立つはずです。

「勝つこと」より「負けないこと」を意識する

ゴリラの研究で知られる京都大学前総長の山極壽一《やまぎわじゅいち》さんによれば、ゴリラは争いになったとき、相手に「勝つこと」より、「負けないこと」を考えるそうです。

その理由は、ゴリラは相手と対等でありたいと考える、社会的な生き物だからです。対等であろうとするのは、勝ってしまうと相手の恨みや憎しみを買って、グループの秩序が乱れるからだそうです。

オスのゴリラ同士で喧嘩になったときは、対等であろうとするために歯止めが利かなくなり、メスや子どもが仲裁に入って矛《ほこ》を収めるといいます。

つまり、ゴリラは群れ全体で、喧嘩している片方が勝って関係が悪化することのないような仕組みをつくっているというわけです。

ゴリラのように、人間も勝つことを目標にするのではなく、負けないようにすることを重んじたほうが有意義な人生を送れるのではないか、と私は思います。

勝つことを目標にすると、お金が欲しいとか、早く評価を得たいなどの邪念が入りやすくなります。その点、負けないことを目標にすると、純粋な気持ちでものごとに打ち込めるので、結果的に長く保てると思います。

勝つことだけを目指している人は、勝てなくなればそれで終わりですが、負けないということには勝たなくてはいけないという目標がないので、限界がありません。

負けないとは、自分の心に負けないことも意味するため、最終的に心の強さにも関係しますが、そういう姿勢でいたほうが、敗者を徹底的に打ち負かしてしまうようなこともなく、全体のバランスからしてもいいのでしょう。

勝つことを目標とせず、常に負けないようにする姿勢は、行きすぎた結果主義を戒めることにもつながります。

「終わりよければすべてよし」という言葉があります。これを終わり、すなわち結果がよければ過程はどうでもいいととらえる人がいるかもしれませんが、それは誤解です。

会社が自分たちの利益のために、業界のルールを捻《ね》じ曲げて商品をたくさん売っても「すべてよし」とはなりません。弱者を犠牲にして利益を上げても、絶対に「すべてよし」ではありません。

つまり、結果主義に走りすぎると、公正であるべき土俵《どひょう》を見失い、目的のために手段を選ばずとなって、よからぬ過程を踏むことになりかねません。

大事なのは、結果という目標を見据えながらも、一つひとつの過程において最善を尽くすことです。けっして、目的のために過程をおかしなほうへ曲げたり、疎《おろそ》かにしたりしないことです。

今はことさら効率や結果が求められる風潮があるゆえに、結果を出すことへの圧力は増しているように感じられます。

しかし、結果ばかりに囚われず、過程の一つひとつにおいて最善の手を打つという姿勢でやっていれば、自ずといい結果が生まれるはずです。

もちろん、ベストを尽くしたものの、そのときの環境や条件によっては、思うような結果に恵まれないこともあるでしょう。

しかし、その努力はけっして無駄にはなりません。そこでなされた努力は、また次に生きてきます。

目標となる結果を意識し、そこから努力の仕方を考えることは当然必要ですが、何でもありの結果至上主義にならないよう、気をつけないといけません。

目標を頭に叩き込んだら、いったんそれを忘れるくらいに、過程の一つひとつにベストを尽くす。その積み重ねが、最善の結果をもたらしてくれるのです。

人は「忘れる生き物である」と肝に銘じる

来し方を振り返ると、人は「忘れる生き物」だということをつくづく感じます。これは私が老いたことで、若い頃よりも物忘れしやすくなったという意味ではありません。

人間とは、そもそも生まれながらにして「忘れる生き物」であることを、過去のさまざまな出来事を思い返すたびに改めて感じるのです。

たとえば、一昨日の晩に何を食べたかを聞かれて、さっと答えられる人は少ないと思います。たかだか数日前のことでも、一から十まで覚えているような人はいないでしょう。

日々インターネットやテレビ、新聞などのメディアを通して入ってくる情報、本や人の話によって得たさまざまな知識は、翌日になれば、そのうちの何割かしか頭に残っていないものです。そして1週間も経てば、ほとんど残っていない。

仕事で2、3時間、面と向かって打ち合わせをした相手やその内容のことも、半年も経てば、打ち合わせをした事実だけ覚えていて、肝心の話の中身はほとんど覚えていません。

さらに5年、10年と経てば、その打ち合わせをしたこと自体まったく忘れてしまっている。それくらい、われわれの頭は忘れやすい構造になっています。

だからといって、人はいくらがんばっても全部覚えることはできないのだから、何も覚えなくていいかというと、そんなことはありません。その分、大切なことをいかに覚えておくかが重要になるのです。

人間は「忘れる生き物」である、ということを意識する。それを前提に、自分にとって必要なことはインプットとアウトプットを繰り返すなど、忘れないための工夫や努力をするのです。そうやって覚えたこと、身につけたことはそう簡単に頭から抜けなくなることを、私自身、何度も経験しています。

仕事において大切なことは、繰り返しやっているうちに自然と身につき、いちいち考えなくても必要な場面で、それがぱっと出てくるようになります。

経営もそうです。この問題はこうとらえて、こう動けば事態を打開できるとか、この部分にこういう形で投資をすれば収益を上げることができるといったことが、何度も同じようなことを経験しているうちに、さっと判断できるようになる。

的確に判断して無駄なく動けるという力は、このように、大切と思われることの繰り返しによって培われます。

体で覚えたものは、一度身につけると、一生忘れることはありません。仕事力とは、こうした繰り返しによる「忘れない力」によっても支えられているのです。

「忘れる力」と「忘れない力」があれば、最強

私は棋士の藤井聡太《ふじいそうた》さんと共著で『考えて、考えて、考える』（講談社）という本を出版したことがありますが、藤井さんは「忘れない力」だけでなく、「忘れる力」も兼ね備えていて、その両方がともにバランスよく抜きん出ている方だなということを強く感じました。

ここで言う「忘れる力」というのは、「負けを引きずらない」ということです。もちろん負けた直後は対局を振り返って、いろいろな方向から敗因を分析します。どこで悪手を指したか、形勢の均衡が崩れたのはなぜかなど、敗因を考えることが、次に向けての糧《かて》になるからです。

そうやって負けた将棋の内容をしっかり反省した後は、気持ちを切り替えて忘れる。藤井さんの場合は、その切り替えが早いので、気持ちをいつまでも引きずらないわけで

す。

気持ちの切り替えが早くできるのは、たとえ負けたとしても、精一杯力を出し切って戦ったという思いが藤井さんにあるからでしょう。

そのことは、私にはよくわかります。私は常々「ベストは尽くすが、反省はしない」という姿勢で生きてきたからです。

ベストを尽くし、仮にそれが不首尾に終わっても、反省はしなくていい。あくまでそのときはベストと思って実行したわけだから、ぐずぐず後悔するよりは、失敗したという結果をきちんと受け入れる。結果を引き受ければ、同じ失敗を繰り返すことはない。ぐずぐず気に病んでも時間の無駄。自分はベストを尽くしたと思えば、次にまた気持ちを切り替えられる——。そういう思いを持って、これまで仕事に向き合ってきました。

過去に囚われていては、現在のことにベストは尽くせません。

私はリーダーの条件として、「忘れる力」がとりわけ必要だと考えています。リーダーは過去に執着せず、未来につながる現在に集中しなければ、組織は発展しないからです。

昔の部下から社長時代のことを持ち出されて、「あのときはひどく怒られましたが、新規事業の立ち上げの際は褒められて感激しました」と言われたりしますが、私はほとんど覚えていません。

大失敗したときの損失金額はさすがに覚えていますが、成功して何十億円儲かったかということは、きれいさっぱり忘れています。人間は「忘れる」からこそ、必要以上に萎縮《いしゅく》したり、驕《おご》ったりしなくてすむとさえ思っています。

このように常にベストを心がけ、「忘れる」ことをよしとしてきた私ですから、最善を尽くして戦った藤井さんが負けをまったく引きずらないことがよくわかります。

「忘れる力」というのは、実は「忘れない力」と表裏のものなのです。

最善を尽くすから、結果が不首尾であっても、後に引きずらない。「忘れる力」で、気持ちを切り替えることができる。そんな「忘れる力」があるからこそ、次に強い集中力を発揮することができ、対戦中の試行錯誤を「忘れない力」でもって、身につけることになるのです。

藤井さんの「忘れる力」の裏側にある「忘れない力」には、神がかったすごみがあります。

今の棋士は皆、ＡＩが導き出す数多《あまた》の定石《じょうせき》を研究していますが、藤井さんはそうした定石に自分なりの解釈を加え、それらを常人離れしたスピードで頭に入れていきます。

このような藤井さんの「自分なりに学ぶ力」こそ、他の人が容易に真似できない力なのでしょう。

「頭の肥やし」にするための記憶法

人は先述した通り忘れやすい生き物なので、そのことを認識して、必要なことは忘れない努力をする。これは至極当たり前のことですが、では必要なこと、大事なことを忘れないためにはどのような工夫をすればいいのか。

おすすめするのは、アウトプットの習慣です。私は過去を振り返らない性格ゆえか、自分がしたことの大半を忘れてしまうのですが、大事だなと思ったことだけは、たいてい覚えています。

それはインプットした後、いろいろな形でアウトプットしているからだと思います。アウトプットの形はさまざまです。ノートにつけて整理する、人と会って話をする、講演会で喋る、原稿を書く……頭に入れたもののなかから、これは大事だと感じたものを選び出し、幾度も反芻《はんすう》することで、脳にしっかり刻み込むのです。

人間の脳はたった1回のインプットだけでは、かなりのものが抜け落ちてしまいます。そうならないようにするには、アウトプットという形で復習を繰り返すことが必要です。たとえば、読書で重要な箇所に印をつける人は多いと思います。このやり方はそれなりに効果はありますが、それだけでは不十分です。その箇所をもう一度黙読するだけでなく、ノートに書き出して繰り返し確認したり、人に話したりするほうが、断然脳に定着します。

ノートに手書きすると効果的に覚えられるのは、手を動かすことで体が覚え、かつ自分の個性的な文字で書かれたものを自分の目で見るというプロセスに意味があるからです。

同じ内容でも、キーボードを叩いて均一の書体で書かれたものを繰り返し見るのとでは、記憶につながるフックの数が違うのでしょう。

人に喋ることが効果的なのは、インプットされたものを記憶の貯蔵庫から引き出し、さらにそれを整理して伝えようとするからです。

対話でアウトプットしたものがきっかけとなって会話のキャッチボールがはずむと、記憶はより一層残るはずです。

時間をかけてインプットばかりをしていても、何らかの形でアウトプットが行われないと、記憶として定着することはありません。

100冊の本をただ1回読むよりは、アウトプットの工夫をしながら10冊の本をじっくり読むほうが、頭の肥やしになるのです。

インプットするとき、これは大事だと思うものはアウトプットすることも同時に考え、後で必ず実行する。その積み重ねが、生きた知識を増やすことにつながるのです。

アウトプットをしながら情報を整理すると、精度が上がる

アウトプットすることには記憶の定着率を高める効果があるわけですが、その仕方をよりよい形で工夫すれば、頭の中の情報や知識が整理され、それが組み合わさって新しいアイデアも生まれやすくなります。

アウトプットの整理法に関して思い出すのは、伊藤忠時代、相談役をしていた瀬島龍《せじまりゅう》三《ぞう》さんです。

当時、新規事業プランが社内で提案されたりすると、幹部役員たちは瀬島さんのところによく相談に行っていました。

瀬島さんは手渡された事業計画書に対し「こんな長いものを読んでいる暇などない。3枚にまとめろ」ということをよく言っていました。そこで3枚に要約したものを持っていくと、今度は「何が言いたいかわからん。要点を3つにして、1枚にまとめろ」と言われるのです。

瀬島さんの指導は、もっと考えて整理しろ、というメッセージだったんだと思います。

整理されていないものは、ポイントがきちんとつかめず、どうしても長くなってしま

う。そんな頭で仮に計画を実行しても、無駄は多いし、失敗するリスクも高い。そうならないために、もっと考えてポイントをつかめ、と言いたかったのでしょう。

仕事で何か新しい構想を練って企画書を書くときは、考えられることをすべて紙に書き出してみるといいと思います。

どういうコンセプトなのか？ なぜそれを考えたのか？ 背景に何があるか？ 目標はどこにあるのか？ マーケットはどうか？ どんなリスクがあるか？ そうしたことを箇条書きで列挙するのです。

そうやってアウトプットを目に見える形にすることで、頭は整理されていきます。何が必要で何が不必要か？ 方向性は合っているか？ もっと違う形があり得るのか？ そんな思考を重ねていくと、不思議と新しいアイデアも湧いてくるのです。

頭の中だけで思考を進めようとしても効率が悪く、ポイントをつかむのに時間がかかったりします。

紙に書くなり、人に話すなり、いい形でアウトプットをきちんとして、考えをしっかり整理すると、時間が短縮できるだけでなく、より深く思考できるようになります。そうやってつくられた企画書は、おのずとシンプルになり、かつ内容は深くて濃くなる。ぜひ試してみてください。

哲学的素養は身につけるべきか

コロナ禍になってから、外出がままならず家にいる時間が増えたせいか、じっくり腰を据えて読むような本が以前より売れるようになったそうです。ソクラテス、プラトン、デカルト、パスカル、ニーチェといった、古代から現代に至るまでの各時代にまたがる哲学者の考え方を解説した教養書も意外と売れていると聞きました。

ただコロナ禍も落ち着いてきたので、そうした動きも一時のもので終わってしまう可能性はあります。

それにしても2000年以上も前の古代ギリシアや中近世ヨーロッパに生きた人たちが考えたことが、このAIの時代にあっても、なお人を惹《ひ》きつけてやまない魅力があるのは、よく考えればすごいことです。彼らが発したさまざまな問いは、いつの時代においても普遍的な意味合いを持っているということでしょう。

目の前の慌ただしい現実のなかでふと立ち止まって、こうした哲学者の思索や言葉に触れるのは、意義のある貴重な時間と言えます。

もっとも、プラトンにしてもデカルトにしても、本を読めばなるほどと、簡単に理解できるほど単純なものではありません。

ギリシア哲学にしても、中近世ヨーロッパの哲学にしても、専門家が一生をかけて研究するほどの深さを持っているのですから、算術の答えを教わるように、明解な答えが用意されているわけではありません。

哲学者が投げかけるテーマを深く理解し、学ぼうとするなら、相当な時間がかかります。1日、2日ほどの時間をかけて本を読んだくらいでは、わかったことにはならないでしょう。

ただ、哲学的な教養を身につけるにあたっては、何も哲学関連書を熱心に読まなくてはいけないということではありません。

ソクラテスやプラトンといったギリシアの哲人たちは、仲間や市井《しせい》の人たちとの対話を重ねることで、哲学的思弁《しべん》を重ねていったわけです。

本がそれほど多く存在しない環境のなかで、ギリシアの哲人たちが哲学的素養を培っていったということは、読書をしなくても、それ以外の方法でもって哲学的教養は身につけられるということです。

その方法とは、思索を重ねたり、人と対話をすることです。

生きる目的とは何か？　本能とは何か？　理性とは何か？　心とは何か？　生や死とは何か？　言葉とは何か？　働くとは何か？　公共心とは何か？　等々、人間はさまざまな問いを自分に投げかけることができます。

大切なのは、そんな問題意識を、常に頭のどこかに持っておくことです。そうすれば、生活のなかでも仕事のなかでも、自分がしていることに疑問を持ち、「これは本当にやるべきことだろうか」などと深く考えることができるからです。

そんな問いかけを続けていれば、何か答えらしいものが出てきたりすることもあるでしょう。

しかし面白いもので、答えかなと思ったものは、時間が経つと、また微妙に変わったりします。そんな繰り返しと積み重ねが、その人の血と肉になっていきます。この試行錯誤によって、その人独自の哲学的教養が育まれ、人生に唯一無二の彩《いろど》りを加えることができるのです。

いくつになっても、仕事に引退はない

私は昔から「仕事とは、人生そのものだ」と考えてきましたが、80すぎの今も、それは変わりません。仕事をするということは、生やさしいことではありません。絶えず人間関係で苦労をしたり、困難な目にあったりと、次から次に壁が立ちはだかります。

でも、だからこそ、そのなかで喜びや怒り、哀しみや楽しみ、憎しみや感動など、さまざまな感情を味わって成長していけるのだと思います。仕事をせず、自分の好きなことばかりしていては、自分を磨く機会に恵まれなくなるのです。

そんなことを言うと、「私にとっては仕事は2番めで、1番は家族です」と言う人がいます。考え方は人それぞれですから、そう考える人がいるのも当然でしょうし、私も

それを否定するつもりはありません。

しかしながら、本当の意味で人間を成長させ、幸せにするのは、私たちの生活の大部分を占める仕事ではないかと思うのです。

とは言っても、日本では65歳になると、会社員の大半は定年退職をすることになります。定年退職した私の友人は、「毎日やることがなくて、退屈で死にそうだ。どうやって時間をつぶせばいいんだ？」と話しに来ます。

その友人は退職当初、悠々自適で、楽しいばかりの毎日が待ちかまえていると思っていたらしいのですが、現実は違っていたと漏らしていました。

人間の本質として、一人では生きられないようになっています。ですから組織や社会といった集団を離れて一人になると、不安になってしまう人が多いようです。

とは言え、「あんな社長のもとで働くのは、もうまっぴらだ」と言う人もいるでしょう。そのような人に対し、「それでも働きなさい」と言うつもりは毛頭ありません。

しかしながら、毎日朝から晩まで趣味のゴルフや釣り、テニスをやったところで、必ず飽きがきます。そのような趣味は、懸命に仕事をした後にやるから、楽しいのです。いくらゴルフが趣味だといったところで、毎日朝から晩までプレイをしていれば、そのうちゴルフをすることが苦痛になってしまうでしょう。

私の趣味は、読書以外にはありません。天候に関係なく行え、体調の変化にも大きな影響を受けず楽しめるものは、読書だけだと思っています。

しかし、仕事がなく、朝から晩までひたすら本を読んでいれば、健康を害するだけでなく、頭もおかしくなってしまうでしょう。講演や執筆の合間に本を読むからこそ、読書をする時間が充実し、最大の楽しみとなるのです。

また、仕事があるからこそ、本を読みながら新しいことを学び、また仕事に生かそうと思えるのです。

人間の本質として一人では生きられないと書きましたが、人間は社会的な動物ですから、社会や他人とのつながりを絶たれた人生は、生きがいが感じられなくなってしまう可能性が高いと思います。

社会とつながって生きるということは、他人のためになることをやって生きるということ。そのためには仕事を続けることが、本人にとっても社会にとってもベストなのだ、と私は思います。

第四章 新しい発想は求めなければ生まれない

自分に疑問を持つことが、新しい発想につながる

私は以前出した本のなかで、日本人の自己肯定感の低さについて書いたことがあります。内閣府が行った若者の意識調査によると、日本人の自己肯定感がアメリカやイギリスなど他の先進諸国と比較して、著しく低い結果であることを踏まえてのものでした。

それ以降も、自己肯定感をテーマにした書籍は多く読まれているようです。自己肯定感がこのように注目されているのは、それだけ日本人の自信のなさというものが、さまざまな場面で問題になっているからだと思います。

いろいろな人と接していると、最近は自信のない人が増えたなという印象があります。

若年、中年世代のビジネスパーソンたちと話をしていると、ふとした拍子に、この人は自分に自信がないんだなと感じさせる言葉を聞いたりするからです。

自己肯定感が低いと言われる人が増えているのは、単に日本の経済成長が鈍化し、先行きの不透明感が増しているからだけではないと思います。

大きな目標を持って何かやるぞという気概や向上心を持った人が、実に少ない。現状のままでいい、そんなにがんばって稼がなくても、ほどほどでいい、——そんな雰囲気の人が多いのです。

人が成長する上で欠かせないのは、自信です。自信や自己肯定感が希薄であれば、いつまで経っても、自分に満足することはできないでしょう。

では、どうすれば確固たる自信が得られ、さらには自己肯定感を高めていけるのか。

たとえば仕事であれば、自分ができそうなことを一つ、目標として持つことです。時間をかけて相当な努力をしなくては手が届かないという高いレベルのものでなくてもかまいません。最初は、ちょっとがんばれば達成できそうだという簡単なものでいいのです。

がんばって設定した目標に達し、何らかの成果を出せば、いくばくかの手応えと満足感を覚えます。そこに芽生えるのは、小さな自信です。そんな小さな自信でもいいから、たくさん積み重ねていく。その積み重ねが、間違いなく自己肯定感を高めてくれるはずです。

自信と併せて、もう一つ自己肯定感を高める上で欠かせないものがあります。それは、今の自分に対して問題意識を持つということです。自分に問題意識を持つというのは、自分を疑うことです。

自分を疑うのだから、自己肯定感がぐらつくのではないかと感じる人もいるかもしれませんが、逆なのです。

なぜなら現在の自分を疑うということは、いったん自分を壊して、新しい自分を構築することを意味するからです。

今の自分はこれでいいんだろうか？　この考え方でいいだろうか？　努力の仕方に問題はないだろうか？　まだ何か足りないんじゃないか？――そうやって現在の自分に対して問題意識を持ち、疑問を投げかける。そのことが、新しい発想につながることもあります。

科学技術の進歩も社会の発展もすべて、常識や現状を疑う問題意識が、その原動力になってきたわけです。個人の成長も同じです。

自己肯定感を高めるには、どうやって自信を育むかという視点と併せて、このように自分に対する問題意識を常に持つという姿勢も忘れてはならないのです。

そして、この「問題意識」は、ＡＩにはない人間特有のものですから、ＡＩに対しての差別化にもなるのです。

納得のいくアイデアは、こうしてひねり出す

新しいアイデアを模索しているとき、時間をかけてもなかなか出てこないことがあります。こんなときは、思い切って視点を変える必要があります。

いいアイデアが出てこないのは、一言で言えば発想が、パターン化された思考の習慣や思い込み、あるいは常識といったものに囚われているからです。

ちょっとしたものの見方や感じ方でさえ、固定化されているケースが想像以上に多いのに、多くの人は無自覚なのです。

私がときに楽しんでいる、次のような実験をしてみてください。

仮名文字の五十音を最初から声に出して言ってみてください。「あいうえお」「かきくけこ」……と、ほとんどの人が5文字ごとに区切って言うはずです。では次に最初の「あい」を外して、「う」から順番に5文字言ってください。それが言えたら、次は「あいう」を外して、「え」から順番に5文字を言ってください。「うえおかき」「えおかきく」とスムーズに言えたでしょうか？

多くの人は、一拍置いて考えたり、ちょっと詰まったりしながら声に出したのではないでしょうか。

このように単純な五十音の発音にしても、記憶が固定されたパターンで定着しており、最初の文字を変更しただけで、覚えているはずの言葉が言えなくなってしまうものです。

何ごとにおいても、そのくらい人の脳は習慣や固定観念に支配されているのです。そのことをまず自覚しておくことが大事です。

ですから、私が新しいアイデアを考えようとするときは、自分が思い込んでいる常識や先入観といったものを疑うことから始めます。すると、Aだと思っていたものが、それと似て非なるA′だったり、まったく違う姿形をしたDだったりします。

時間をかけてもなかなかアイデアが出てこないときは、それをいったん頭にしまい、本を読んだり食事をしているときに時折思い出すなどして、それを繰り返し考えます。

そのとき、これはいいヒントになるなと思ったことは、そこらへんにある紙切れにさっとメモをします。そんな紙切れが何枚もたまったら、それを改めて見直して、また考える。雑な字で書き留めたりしていますから、後で判読できないこともあり、そのときは一生懸命考える。それもまた、面白いものです。


アイデアやヒントは突然、降って湧いてきます。どういう状況で湧いてくるかはわかりませんから、常にノートを脇に置いてメモをするというわけにはいきません。

洗面所で手を洗っているときかもしれないし、食事をしているときかもしれない。あるいは服を着替えているときや歩いているときかもしれない。突然何の前触れもなく、湧いてくるのがアイデアです。

私は散歩をする習慣がありますが、いろいろなことを考えながら歩くので、その最中によくアイデアが浮かんだりします。メモをすぐにとれるように、以前は紙と鉛筆を携帯していました。

しかし、書き留めるには、いちいち立ち止まらなくてはなりません。それが不便で音声を録音しようと試みたのですが、メモと同じで、これも操作する際に立ち止まらなくてはならず、面倒です。

「歩いている間に忘れるようなアイデアなら、その程度のものだということ。本当に重要なら忘れるはずがない」

そう思い直して、今では手ぶらで散歩に出て、その最中にアイデアが湧いたときは念仏のように唱えて覚えるようにし、帰宅後にメモをするようにしています。

これというアイデアが出てこないときは、ともかく徹底して考え続けることです。出てこなければ、何日でも何週間でも考える。時間をかけてもなかなか出てこないときは、それを常に頭に入れて、ことあるごとにいろいろな角度から眺めることです。

いくら考えても名案が思い浮かばず、壁にぶち当たったと感じるときは、それまでの発想の手順をすべて捨て、まったくの白紙にしてから数日置き、再度考え直すことをおすすめします。

納得のいくアイデアや答えが出てこないときは、とにもかくにも、もがきながらも、徹底して考える。そんな揺さぶりを自分の頭にしつこくかけ続けていれば、必ず「これだ！」という閃《ひらめ》きが湧いてくる瞬間がくるはずです。

ネガティブにとらえることで、アイデアを生み出す

仕事においてポジティブシンキングは、言うまでもなく大切なことです。しかし、ポジティブシンキングだけで、いい仕事を成し遂げることはできません。いい結果を導くには、ネガティブシンキングも欠かせないのです。

ネガティブシンキングと言えば、悪い方向へとものごとを想像し、悲観的になるものだというイメージがあるかもしれません。たしかにこのようなマイナスの考え一辺倒では、現実をよい方向に変えることはできないでしょう。

私がここで主張したいネガティブシンキングは、それとは違います。

いい仕事に欠かせないネガティブシンキングとは、起こり得るリスクを予測したり、誰もが見逃しがちな可能性を見つけ出して、問題点の改善をはかったり、最悪のパターンを想定して、リスクを避ける方策を立てたりするなど、現実をよい方向へ動かすものです。ですから仕事において、このようなネガティブシンキングは、むしろ積極的に行うべきものなのです。

もし、このような形のネガティブシンキングを行わず、ポジティブシンキングばかりでものごとをとらえるなら、必ずどこかで躓《つまず》くはずです。私はいろいろな業種のビジネスパーソンと接しますが、ポジティブシンキングばかりで、ネガティブシンキングが足りないと感じることが、実に多い。

たとえば会社の業績が順調に伸びているとき、さらに大きく飛躍するチャンスととらえて設備投資を積極果敢に行い、社員もどんどん増やすとします。ところが、その後もし環境が変われば、一連の行動が仇《あだ》となって大きな負債を背負い、過剰人員を抱えてしまうリスクも考えられます。

そうしたリスクを避けるには、将来環境条件が変わり得ることを予測し、具体的な備えを進めるネガティブシンキングが絶対に必要なのです。

会社が倒産の危機に瀕しているときでも、再建事業の中核を手がけ、巨額の投資を必要とすることがあります。

そういうときいつも思い出すのは、第三章でも取り上げた瀬島龍三氏の言葉です。「君がしていることは、ブレーキをかけながら同時にアクセルを踏み込んでいるようなものだ。守りと攻めを一緒にしている君のやり方は、戦術の基本から外れている」

当時の私は「会社の状況がこんなときだからこそ、将来を見据えて新しい種を蒔《ま》くなど、ポジティブな行動も起こすべきだ」と考えていました。

その当時の再建事業は、商社の旧来のビジネスモデルから大きな転換をはかる意味合いを持っていました。

それまでは、海外から鉄鉱石などの資源や農産物を輸入し、それを国内の大企業に売却することが商社の主な仕事であり、これはいわば商社の原点とも言えるビジネスモデルです。しかし、いつまでも原料や中間財を右から左に動かして利益を得ることを柱にしていれば、成長が止まるのは時間の問題です。

商品を購入し、それを売却することが商社の一次産業だとすれば、それを生産するという二次産業、そして加工し直接消費市場に搬入する三次産業、つまり川上から川下までを網羅すること、つまり農場から食べ物までのすべてを取り扱うことが、これからの商社の重要な仕事だと考えたのです。

行き詰まったときは原点に戻れ、と言いますが、このときは原点を変える決意をしたのです。

つまり原点に対して、これまでの商売のやり方を続けていくだけで果たして大丈夫なのか？　というネガティブシンキングを行ったことで、原点であるビジネスモデルを変えるという発想になったわけです。

このようにネガティブシンキングは、リスクを避けたり、何らかの成果を出そうとする上で必要不可欠なものです。ポジティブシンキングばかりでは、いずれ仕事は行き詰まります。

自分がポジティブシンキングばかりしていることに気づいたら、意識してネガティブに考える習慣をつけると、仕事の精度はより高くなりますし、ポジティブな面からは見えないような新しいアイデアも生まれるのではないかと思います。

「自分の言葉」で仕事をしているか

会社の面接試験においては、志願者と面接官が見るポイントは微妙に違うものです。面接を受ける側が、面接官はこんな部分を見ていると感じるポイントとは、まったく違う角度から、面接官は見ていたりします。

私が入社試験の面接官をした際は、学生に対して「どんなことがしたいのか？」「どんなことができるのか？」といった類の質問は一切しませんでした。

自分がかつて試験を受けたときのことを振り返ってみれば、仕事で何をしたいのかなどということは一切考えていませんでした。

就職試験を受ける学生は面接対策として、さまざまな問答をあらかじめ想定して、準備をします。私が面接官をした頃も、面接試験の想定マニュアルを頭に入れ、自分をうまくアピールすることを懸命に練習してきたような学生ばかりでした。

しかし、仕事に何を求めるのか？　会社に入ったら何をしたいか？　そんなことをつい最近まで考えたこともなかったような人に聞いたところで、回答はとってつけたような上っ面のものでしかないでしょう。

ですから、面接の受け答えがしっかりしていることと、実際に会社に入ってしっかり仕事ができるかは、まったく別の話です。

面接官として私が学生に聞いたことは、もっぱら本とお酒についてです。本はここ一カ月でどんな本を読んだのか？　お酒はどのくらい飲むのか？　といったぐらいのことしか聞きませんでした。

読書に関する質問に対して、活字本でなく漫画はよく読みますという学生であれば、どんな漫画を読んだのかを聞きますし、漫画も含めて本は一切読んでいませんという学生なら、多くの時間をどんなことに使ってきたかを尋ねます。

お酒については、「そこそこいけます、一晩でウイスキーボトル1本空けます」といったことを言えば、私もお酒が好きですから、ちょっと頼もしいなと思ったりするわけですが、飲めないからといって落とすわけではありません。

ただ学生が予想もしない質問をすることによって、相手の本音や素《す》の部分がふと見えることがあり、そこにちょっとした親近感や共感が湧くことがあります。この親近感や共感というのは、実は面接採用における大きなポイントなのです。

面接官としてそんなことを入社試験で聞いていたという話を知人にしたところ、けっこういい加減な面接だったんですね、と半ばあきれたような顔をされました。

しかし、繰り返しになりますが、面接官が本当に聞き出したいのは、面接マニュアルにのっとった「借り物の言葉」ではなく、体験を通して自らの頭で考えた「自分の言葉」なのです。

ですから正直なところ、学生がどんなに立派なことを言っても、それを鵜呑《うの》みにはできません。皆自分に下駄を履かせて喋っていますから、会社に入ったら真面目に仕事をしますと言われても、その言葉をそのまま信じるわけにはいきません。

面接官によっては明るくて体育会系の人物を好んで選ぶこともあるでしょうが、明るくて元気がよくても、ものごとをちゃんと考えない人間であれば、私はどうなのかなと思います。

内向的であっても、きちんとものごとを考えられる人物であれば、何も問題はありません。そもそもエネルギッシュで明るい人物ばかりが揃っている職場に一日中いるのは、少ししんどいかもしれません。それこそ多様性があったほうが、会社のポテンシャルは上がります。

面接を受ける側は、自分はこんなことができますという能力をどれだけアピールできるかが最大のポイントだと思いがちですが、採用する側はそこだけを見ているわけではありません。

一緒に仕事をしていく仲間として共感を持てる人物かどうかという点を一番に考えるのです。それを感じとるのは志願者の言葉の端々から漏れてきそうなもの、文章で言えば行間から立ち上ってくるような〝何か〟だったりします。

これこそAIによる面接では感知できないものですし、言語化できない〝何か〟が、仕事で結果を出すときに非常に重要だったりします。また、面接を受ける側も、そつのない〝正解〟を伝える点ではAIに勝つことはできないでしょう。

AIに負けないためには、面接だけでなく、どんな仕事においても、借りものではない「自分の言葉」で話すことが何よりも大切になるのです。

AIにはない「直観」は、こう使え！

将棋の棋士の羽生《はぶ》善治《よしはる》さんは、「直観の7割は当たっている」ということを言われています。7割と言えば、かなり高い確率です。ただ羽生さんの場合は、数え切れないほどの真剣勝負を通して感性を磨かれていますから、普通の人の比ではない、鋭い直観を持たれているのだと思います。

羽生さんが言われるように、直観は的を射ることが多いと思います。

直観が当たるということをよく表しているのが、競馬などの賭けごとでしばしば起こるビギナーズラックという現象です。

ビギナーズラックが起こる理由は、余計な知識がない分、素直に感じたり、考えたりするからでしょう。

知識が少なければ、複雑に考えて選択肢を増やして迷うようなことがありません。つまり直観を使って素直に対象と向き合うことで、正解をつかむのだと思います。

分析や緻密な計算といった思考は、正解に辿り着く最善の方法であるかのように感じます。しかし、考えすぎると、かえって思考を複雑にしてしまい、迷いが増えるのです。

一方の直観は、そうした過程を持たず、先入観を持つこともなく、純粋に対象をとらえるので、当を得やすいのかもしれません。

将棋の棋士であれば、直観が導く結果は、その棋士にすべて返ってきます。

普通の人でも、直観が働いて、これはいけるぞと感じ、その通りになるということはよくあるでしょう。

ただ仕事においては、自分一人ですべての責任を負うわけにはいかないので、直観だけでものごとを決めるわけにはいきません。

ましてや経営者やチームのリーダーともなれば、多くの人間に対する責任を負っていますから、直観が働いても、すぐさまそれに賭けるわけにはいきません。直観の判断を裏づける分析やリサーチを重ねたり、組織内で話し合いをすることが必要になります。

直観と思考、そのどちらか一方に偏るのではなく、クルマの両輪のように、両方ともうまく連動させて判断することが重要になります。

もっとも組織のリーダーであっても、直観を優先せざるを得ないときもあります。いろいろな角度からどれほど分析しても、判断するのが難しいときです。そんなときは、リーダーは直観に従うことがあってもいいと思います。

私が社長をしていたとき、大幅な赤字に陥ったが、自社株の配当を継続すべきかどうか、役員会議で議論したことがあります。

10人いた役員のうち、9人が配当だけは少なくとも継続するべきだと主張しました。会社が配当をとりやめるというのは、よほどのことです。無配にしてしまうと株主の信頼をなくし、株価を大きく下げてしまう。だからそのままにしておくというのが、配当の継続を主張する役員の言い分でした。

ところが一人の役員が、配当はやめるべきだと確信し、主張したのです。この苦境にあっては、もはや会社の体裁よりお金の問題を考えるべきだ。お金がないのに、どうして配当などできるのか。たとえ株主から信頼を一時失っても、業績を復活させればいいじゃないか。そうすれば、また復配をし株主の信頼は回復できる、と言うのです。

もちろん業績が復活する保証はありませんが、私は彼の毅然とした意見を聞いて、彼が言っていることが正しいと感じました。他の役員が皆反対の意見を言っているなかで、一人敢然《かんぜん》と異を唱え、自分が正しいと思う意見を、勇気をふりしぼって主張する。その姿勢を見て、彼は間違っていないと直観で感じました。

そこで私は最終責任者として一日置いた上で、9人の反対を押し切り、無配にすることを決めました。その後、会社は見事に復活し、無配を1年で撤廃することができました。

議論を重ね尽くしても、結論が出ないときは、このように最後の最後は直観を信じて、決断することがあります。もちろん、その判断を下す際、結果に対してリーダーが全責任をとるのは言うまでもありません。

後継者選びで、取り入れるべき発想とは

どの会社でも、社長が行うべき重要な仕事の一つは、次の社長を決めることだと考えています。

系列会社の社員も含め、数万人もの社員の人生を預かり、責任を持って会社の舵取りをしていける人。自分がたとえ犠牲になってでも、そういう責務をまっとうできる人。私が社長を務めたときも、そんな人材をどうやって選び出すか、さまざまな立場の人の意見や評価を聞いたりしながら、じっくり時間をかけ、慎重に考え続けました。

どんなに優れた経営者であっても、長くトップの座にいると、必ず何らかのひずみが生じるものです。自分にとって都合のいい意見ばかり耳に入ってくるようになったり、

経営感覚が鈍って決断力を失うようになったりするものです。

私の経験から言うと、社長という仕事は真剣に向き合えば、10年で心身ともに消耗してしまうほど過酷なものだと思います。

だからこそ企業の経営者というのは、社長でいる期間をあらかじめ決めておくことが重要なのです。


ベンチャー企業の創業者であれば、そのあたりの事情は多少変わってくるでしょうが、それでも長らくトップの座に居続けるのは問題があります。

最近、ユニクロやソフトバンクといった企業が後継者問題で揺れていることがマスメディア等でよく報じられます。

こうした会社の創業者は類《たぐい》まれなる才能の持ち主ですから、自分と比べて遜色《そんしょく》のない社長候補を見つけるのは容易ではないでしょう。創業者が求めるのは、彼らの強い思い入れをすべて受け止め、かつ創業者以上に会社を発展させられる人だと思いますが、おそらくそんな人はめったに存在しません。そういう人なら、すでに自分で起業しているはずだからです。

ならば社内で後継者を育てればいいのですが、時間が限られている状況では、それも簡単ではないでしょう。

近年は企業を渡り歩く「プロ経営者」なるものが持てはやされたりしていますが、プロ経営者などというものは、そもそもあり得ないと私は思います。

外から来た人に、その会社のいったい何がわかるというのか。会社というものは長い時間そこで働き、仲間とともに汗を流し、ときには喜びを分かち合ったりして、はじめてその会社のよさも悪さもわかるというものです。

会社が持つ独自の風土や文化、社員の気質、仕事の進め方、人間関係、そういったものをほとんど知らず、さして理解もないところで、本当にその会社のためになることなどできるわけがありません。

人員削減や事業縮小など、短期的な視野で思い切ったことをして功を奏することは時にはあるかもしれませんが、長い目で見て価値のある経営というものは、そう簡単にはできません。

そう考えると、後継者は本来、その会社が長い時間をかけて育てた人材のなかから選ぶべきなのでしょう。その意味では、できれば会社は将来有望な幹部候補生をしっかり育てていくシステムを構築する必要があります。

時代の変化に合わせて企業が発展を続けるには、その企業文化の核となる遺伝子を、責任を持って次世代へと継承させなくてはなりません。

後継者というものは、そのような長い時間軸から育てないといけないのです。

ブラック上司にも存在意義はある

私は平《ひら》社員の頃から上司の言動を観察して、こんなとき自分が上司ならどういう決断をするだろうか、部下に対してどんな態度をとるだろうか、といったことを心のなかで時に応じ、シミュレーションしていました。

役職のないときなら課長の立場で、課長になったら部長の立場で、取締役員になったら今度は社長の立場で「俺なら、こうする」という想像を半ば真剣に行っていたのです。

上司が指示する内容に対して疑問を感じたり、部下に対する発言を聞いて、それはちょっと違うのではないかと思うことが折にふれてあったからです。

このシミュレーションは、上司はどうあるべきか、社長はどういうリーダーであるべきか、ということを自分なりに学んでいく、よい機会になりました。

信頼していた上司からある仕事を任され、「思い切りやってこい。何かあれば俺が責任を取るから」と言われたときは、自分が上司になったらあんなことが言えるだろうか、と真剣に考え、責任ある立場の人間はああでなくてはいけない、とますます尊敬の念を深めたものでした。

もっとも、シミュレーションの対象となった多くは、「けしからん」と思う上司たちの言動でした。

彼らを見ながら、「部下を持ったら、信頼して仕事を任せるようにしよう」「課長になったら、若いうちから部下を海外に出して経験を積ませよう」などと自分がその立場になれば実行しようと思うことを、ことあるごとに決意していました。

入社してまだ間もない頃、隣の部署で上司が部下のミスを執拗《しつよう》に責めている場面に出くわしたことがありました。それがまた何とも陰湿で、周りで見ている人間が嫌な気分になるほどでした。

私は最初、横目で見ていましたが、次第に我慢ならなくなり、椅子を蹴って立ち上がるなり、「貴様、いい加減にしろ!」と怒鳴ってしまいました。

後から別の上司に呼び出され、「お前の気持ちはわかるが、上司に向かってあの言い方はないだろう」と諭《さと》されたのですが、この一件は、上司が部下を叱るときはどういう態度であるべきか、相手のモチベーションを下げることなく上手に叱るにはどうすればいいかを深く考えさせられました。

また、ある役員会議のとき、まだ平の取締役だった私が、別の役員の意見に対して異論を滔々《とうとう》と述べていると、その役員から「たかが取締役の分際で、偉そうな口を叩くな。お前などに命令される筋合はない!」と一喝《いっかつ》されたことがありました。

普段は出世のことなど考えることのなかった私ですが、そのときだけは、さすがに「今に見ておれ。俺がもう少し上にいけば、立場とかに関係なく、意見を自由に言い合える会社にしてやるぞ」と思ったものです。

反面教師になるような人のタイプはさまざまです。問題が起きると、責任を部下になすりつけたり、部下の手柄をいつも横取りしたり、保身から平気で嘘をついたり、下には威張り散らしたりする……。

しかし、これらは人間社会の常であり、自分自身のこれからの教訓だと考えるようにしたいものです。

私はそんなタイプの人から、自分が上に立つ人間になったときはどうあるべきかということを、いろいろな形で勉強させてもらったと思っていますし、むしろ、彼らは私が仕事を通して成長していく上で欠かせない存在だったと、今も感謝しています。

「救いようがない」と感じる人から何を学ぶか

私のこうした経験は会社組織のなかでのことですが、反面教師的な学びは、人間関係においても応用することができます。

なぜこの人たちはこういう点で駄目なのか、なぜ平気で人に嫌な思いをさせるのかをじっくり学ぶことで、自分にも同じ面があるのではないかと戒めたり、自分がこの人たちの立場であれば果たしてどんな行動をするのかを考える、よい機会なのです。

大事なことは尊敬できる人からのみ学べる、と思っている人は多いでしょう。

しかし、そうとは限りません。実は、駄目な人から学べることのほうが多いとも言えますし、そのほうが説得力を持った教訓を得られることがあるのです。たとえば、駄目な人が発する無神経な言葉は、当事者にならないと、その破壊力は実感できないでしょう。

ですから、駄目な人と付き合わざるをえなくなったときは、ただ相手を否定するばかりでなく、相手とできるだけ話をする機会を持ち、反面教師として多くのことを学ぼうという姿勢でいたほうがいい。

感性が似ている、いい悪いの価値判断がほぼ一緒。そういう人と何かをするのはストレスも少なく、居心地もいいものです。しかし、仕事やプライベートにおいて、いつもそのような人間関係ばかりだと、人の成長度合は限られてしまいます。

世間には、実にさまざまな人間がいます。いろいろなタイプの人との付き合いは、間違いなく成長の糧になりますし、人間への洞察力をより一層磨いてくれるはずです。

なぜ仕事に対する自己評価は、実際よりも高くなるのか

「ヒュブリス」という、ギリシア神話に由来する言葉があります。神への侮辱、無礼をまねく極度の自尊心や自信、すなわち傲慢を意味する言葉で、人間に破滅をもたらすものと言われています。

ギリシア神話のこの言葉をわざわざ持ち出すまでもなく、人間の社会において傲慢がどれほど失敗や躓きの原因になるかは、誰もが心得ていることでしょう。

ただし、わかっていることと、行動に反映することとは、また別です。驕りというものがよくないものであることはわかっていても、何かあれば、つい思い上がってしまうのが人間の性《さが》です。

謙虚であれとよく戒められるのは、ちょっとした拍子で、人はすぐ思い上がってしまう生き物であることの裏返しなのです。

人はたいてい、どこかにわがままな気持ちを持っているものです。表からはそう見えなくても、そうした〝モノ〟が必ずどこかに潜んでいます。そのことは、周りから性格が謙虚と評されるようなタイプの人も例外ではありません。

人が持っている驕りが、どの程度のものかを判断できる一つの方法があります。たとえば仕事に関して、自分自身の評価と他人から見た評価で、どのくらい違いがあるかを比べてみるのです。

えてして仕事に対する自己評価は、他人からの評価と比べて高いものです。その差が大きいほど、驕りがあるといっていいはずです。

私が会社で管理職の立場にあったとき、「これだけの結果を出しているのに、会社は評価してくれない」と嘆いて相談に来た部下がいました。そこで私が「じゃあ、君は自分の仕事は何点くらいだと思っているんだ?」と聞くと、「100点満点としたら、最近の僕の仕事ぶりは満点どころか、１２０点をつけられると思っています」と自信たっぷりに言います。

ところが、直属の上司や同僚数人にその人の評価を聞くと、80点という人もいれば50点という人もいる。平均するとだいたい60点あたりに落ち着きます。実に本人評価の半分程度です。

これに似た愚痴《ぐち》は、酒の席でよく聞いたものです。そのときも同様の質問をすると、たいてい自己採点は、私が耳にしていた周りの評価と比べて、けっこうな開きがありました。どの場合も、自己評価のほうが圧倒的に高いのです。

まさにその差に彼らは怒ったり、愚痴ったりしているわけですが、どちらがより客観的で正確な評価かと言えば、それは本人の周りにいる人たちの点数のほうなのです。

私の経験では、自己評価は周りの評価の約2倍になる。他人は意外と人のことを正しく見ているということです。自己評価が実際より、かなり甘くなるということは、一つの常識としてしまっていいでしょう。

このように他人から見た客観的な評価より、自己評価のほうが往々にして高くなるという事実は、人はそれだけすべての面で自分に甘く、驕りやすい生き物だということを端的に表しているのです。

日記をつける習慣が、新たな発見につながる

私は若い頃、仕事でちょっとした成果を上げたりすると、俺は力があるな、我ながらたいしたものだ、と思い上がった気持ちが芽生えたことが幾度もありました。しかしそのたびに、こんなことぐらいで舞い上がるようでは、まだまだ自分は未熟だと戒め、気を引き締めたものです。

私がここぞというときに慢心に陥らなかったのは、どんな仕事でも自分一人の力ではできない、という思いがあったからです。

大豆をはじめとする穀物市場に詳しい人間として評判が立ち、専門雑誌への寄稿や講演の依頼をたくさんいただいた時期もありますが、そんなときも会社がお金を出していろいろな勉強をさせてくれたからこそ、という気持ちがありました。

どん底にあった会社が、奇跡的にV字回復した際も、マスコミはこぞって社長を持ち

上げましたが、私には社員全員が一丸となってがんばったからこそ、成し遂げられたことだという思いが根底にあったのです。実際、このときは社員への感謝の気持ちしかありませんでした。

人間、一人でできることなど、たかが知れています。驕りというのは往々にして、自分一人でこれをやったんだという思い上がりがあるときに生まれます。だから、ほとんどのことは自分一人では成し遂げられない、という謙虚さが必要なのです。

私がヒュブリスの罠《わな》に陥らずにすんだもう一つの理由は、仕事に対して純粋な気持ちで向き合っていたからだと思います。

仕事でライバルに勝ちたいとか、成功して出世しようなどという野心ではなく、仕事で自分は何をやりたいのか、どんな仕事をしたいのか、そんな志とも言うべきものを忘れることがなかった。その志があったからこそ、まだ自分は未熟な人間だ、もっともっと成長しなくては、という思いで仕事に取り組めたのだと思います。

自分を謙虚に見つめるのに役に立つのが、日記です。私は若い頃から、ずっと日記をつけています。忙しいときは、今日はこんなことがあったと1行書いて終わることもあれば、余裕があるときは、その日の仕事の感想などを少し長めに書き連ねることもあります。

日記をつけると、自分を客観的に見つめることができます。仕事が想像以上にうまく進んだのは、ひとえに部下があそこまでがんばってくれたからだとか、あそこで失敗したのは自分の勇み足だったなとか、いろいろなことが俯瞰《ふかん》的に見えてきて、発見につながるのです。

そんなことを思い返しながら、「あそこであんなことを言ったのはよくなかった、しまったな」と思うことなどはしょっちゅうあります。

日記をつける上で大切なのは、素直に自分の心の内を綴《つづ》ることです。誰かに見せるものではありませんから、そもそも恰好をつける必要などありません。みっともないことや恥ずかしいことも正直に書かなければ、新しい発見もできないし、日記をつける意味もなくなります。

私は日記をつけることを習慣にしてきたので、節目ごとに大事なところで気づくことができたのだと思います。そのおかげで、危ぶまれるようなほうへ進んでしまうこともなかったのでしょう。

日記はそのときどきに自分が出かけたところや考えたことを忘れないように書くだけでなく、自らを振り返ることで、成長を促したり、新たな発見をする効用もあるのです。

情報が溢れ、自分で自分のことをゆっくり考える時間すらない昨今、日記をつけて自分を振り返る時間には、とてつもない効用があると私は実感しています。

情報を鵜呑みにせず、疑問を発想につなげる

仕事や勉強をどれだけ効率的に進められるか、その鍵を握るのは集中力です。ところが、現代人はスマホに頻繁に時間をとられることで、総じてこの集中力が落ちていると言われています。そんな環境にあればなおのこと、集中力を高める特別なコツのようなものがあれば、取り入れたいと願う人は多いでしょう。

私は最近「ポモドーロ勉強法」という学習方法のことを、仕事の関係者から聞きまし

た。仕事の作業中にも使えるので、ビジネス関係者の間でも使っている人はけっこういるそうです。

ポモドーロ勉強法は、イタリアのフランチェスコ・シリロというコンサルタントであり、起業家でもある著者が考え出した学習法で、勉強や仕事、休憩時間を定期的に短く区切って作業の効率化をはかります。

具体的には「25分の作業＋5分の休憩」を1ポモドーロとし、それを4ポモドーロ（2時間）連続して作業し、30分の休憩を取ると、もっとも高い集中力が発揮されると言います。

脳の研究によると、人間の集中力が続くのはだいたい50分〜60分程度と言われていますから、このポモドーロ勉強法の時間単位はその約半分です。

60分単位で集中力を示すグラフをつけるとすれば、時間の経過とともに曲線が上昇してピークに達し、そこからゆるやかに下がってくる山なりのカーブが描かれるはずです。

ピークは人によっては60分の半分の30分経過の時点だったり、ある人にとっては50分経過の時点だったりするでしょう。

そう考えると、ポモドーロ勉強法の25分という時間単位は、おおよそ集中力がピークに近づく近辺で休憩を挟むようなリズムで区切られているようです。そのため集中しすぎて疲れ切る状態になりづらいのかもしれません。

もっとも私自身はポモドーロ勉強法なるものを知って、それほど効果があるというなら自分もやってみようか、とは思いませんでした。

たしかに、世界中でそれなりの人に支持されていると聞くと、25分の作業を5分の休憩を挟んで繰り返すパターンは、ある程度効果的なのかもしれません。でも、それがすべての人に当てはまるわけではないでしょう。

私には自分の経験則から導かれた、オリジナルの集中法があるわけではありません。仕事にしろ、読書にしろ、集中力が続く限り、2時間でも3時間でも作業を続け、そろそろ疲れてきたなという頃合で休憩を取ることが多いからです。

そんなやり方をずっと続けてきたわけですから、私がポモドーロ勉強法を取り入れたところで、自分の本来のリズムが崩れ、集中力がかえってなくなるかもしれません。

人間の行動パターンには、それぞれの個性があります。勉強や仕事の仕方、集中力の高め方といったものも、それぞれの人に合ったやり方があって、皆それを習慣的に身につけているでしょう。

もちろん、それが絶対的に正しいわけではありませんが、その人の生理的なリズムからすれば、理に適《かな》ったものも少なくないはずです。

情報が過剰なほど溢れている環境にあっては、仕事の仕方にしろ、学習方法にしろ、それこそたくさんのマニュアルや方法論を見聞きします。しかし、そうしたものは合う人もいれば、合わない人もいます。万人に普遍的に通用する効果的なやり方など、この世には存在しません。

健康法だってそうです。同じことでも、専門家によってはまったく正反対の意見を述べたりしています。

たとえば、ある専門家は高齢になると動物性たんぱく質は摂らないほうがいいと言うし、別の専門家は健康長寿者ほどステーキなどの肉を頻繁に食べているから、動物性たんぱく質は高齢でもできるだけ摂るべきだと主張します。
血圧でも健康の標準範囲とされている数字に幅がありますが、もともとの体質が高血圧傾向にある人が血圧を標準レベルに無理やり下げると心臓や腎臓に負荷をかけたり、血管障害を発生させるリスクがあると言われています。平均値から見れば高めの血圧であっても、その人の体質からすると適正であるとも言います。

ことほどさように何が正しいかということは、その人が持っている性質や個性、条件、そのときどきの環境によって、いくらでも変わってきます。
他の人がいいと言っているからといって、安易にそれに従うということはしないほうがいいでしょう。権威のある専門家が言っているからといっても、鵜呑みにすると、自分に実害が及ぶ可能性もあります。

以前は、テレビや雑誌などに出てくる専門家は、それなりの実績や信用を確立している人が多かったように思います。ところが現在はＳＮＳの普及により、ピンからキリまでの専門家が容易に意見を発信できるようになりました。これは悪いことばかりではないとはいえ、根拠の乏しい情報に振り回される人の数は年々増えているようです。

現在は、そういった特殊な環境にあるのだということをよく理解した上で情報を取り込まないと、取り返しのつかない状況に陥りかねません。

たとえば、自分が普段行っている習慣と正反対のことを、専門家が推奨していたとします。そんなときは鵜呑みにするのではなく、また単純に無視するのでもなく、それを起点に思考をめぐらせるのです。「なぜこの人は、常識とされていることと反対のことをすすめるのか」と。

そして自分で仮説を立て、調べていく。謎が解けたときは達成感がありますし、その過程で新たな発想に結びつくこともあります。これは意思を持たないＡＩにはできないことです。

仕事をする上でも、常に問題意識を持ち、疑問に思うことがあれば、仮説を立てて検証する。そのような人は、ＡＩを使いこなすことはあっても、ＡＩに取って代わられることはないと思います。

第五章 仕事で行き詰まったときこそ成長のチャンス

努力しても結果が出ないときは、どうするか

正直に言うと、大学を出て会社に入ったとき、私は会社で何をしたいかといったことをまったく考えていませんでした。

そもそも入社の理由もとりたててなく、就職試験で合否の結果の連絡が最初にあったからにすぎません。

面接のとき、試験官に「なぜ我が社を受けたのか」と聞かれて、「御社の会長と私は名前が同じだからです」と履歴書を見ればわかることしか言わない、かなりいい加減な応答をしたのを今でも覚えています。

会社がどんな仕事をしているかは知っていても、詳細はよくわからない。面接官から聞かれた際、具体的な志望動機がまったく思い浮かばなかったのです。

入社してすぐに言い渡された仕事は、単純な事務作業などの雑用です。しかし、それがこの上なく退屈で、面白くない。大学で法律を勉強してきた俺に、誰にでもできるよ

うなつまらない仕事をさせやがって……そう思った私は、しばらくしてから本気で会社を辞めることを考え始めました。法律の勉強を始め、弁護士にでもなろうと考えたのです。

そこで恩師に相談に行ったのですが、「会社に入ってまだ間もないというのに、いったい仕事の何がわかるというのだ」と厳しい口調で諭されました。「今は黙って与えられたことを、しっかりこなせ。どんな仕事であろうと一生懸命努力していれば、そのうち道は拓《ひら》けてくるのだから」と言うのです。

ここで信頼している恩師に相談した点は、我ながらいい判断をしたと、振り返って思います。人間は思いつめたり、追いつめられているとき、客観的な判断をしづらいからです。

恩師に「3年がむしゃらにがんばって、それでも今と同じ思いであれば、そのときはまた相談に来い」と言われ、たしかに自分はまだ全力を尽くしていない、まずは本気でやってみよう、と思い直しました。

内心不満を抱きながらも、それまでも仕事はちゃんとしているつもりでしたが、実際はひたすら受け身の姿勢でこなしているだけでした。そんな姿勢をまず改め、これからは誰よりも早く正確に、かつたくさんの仕事をしようと心に誓ったのです。

仕事ぶりはそれから激変し、ご飯と睡眠以外の時間は、すべて仕事に投入しました。実際、残業代が全社員の上位5人に入るほどでした。

深夜まで残業し、独身寮に帰ると、すでに門の鍵は閉まっているため、いつも塀をよじ登って中へ入っていました。風呂も決められた入浴時間には間に合わないので、平日はまったく入れません。

服もまともに持っておらず、買い物もしていないので、靴下なんかも穴があいたものを履いたりしていました。このあたりは褒められたものではありません。

しゃにむに仕事に打ち込む姿を、上司はちゃんと見ていてくれたようです。丹羽は仕事を誰よりも一生懸命にする、体も多少無茶をしても大丈夫そうだ……そんなふうに思ってくれたのかもしれません。入社6年目で、ニューヨーク赴任を命じられることになります。

彼の地における主たる仕事は、大豆をはじめとする穀物の買いつけです。私は大豆相場をはじめ、それと密接な関係にある気象のことまで徹底的に勉強をしました。新聞や人づてに入ってくる二次情報だけでは不十分なので、気象の専門家や現地の生産者を訪ねたりしながら、できるだけ新鮮な一次情報を仕入れる努力も怠りませんでした。

そうこうしているうちに、いずれも日本向けですが、独自の目線でマーケット動向を分析したレポートを専門誌で発表したり、日本の新聞への寄稿の依頼がきたりするようになりました。ニューヨーク駐在を終える頃には、大手穀物メジャーからスカウトの話ももらい、迷った記憶もあります。

ニューヨーク駐在時代の体験は、私に仕事の本質や醍醐味を教えてくれました。仕事の困難を乗り越え、高いと思われた目標をクリアし、その成果を仲間とともに喜び合う。自分が仕事で何をしたいのか、仕事を通してどんな自分になりたいのか、そんなことが身にしみて理解できた気がします。

話は変わりますが、「仕事が楽しくない。どうがんばって働いても満足がいかない」という人から相談を受けることは頻繁にあります。

そんなとき、私はまず「あなたはイヤと言うほど努力をしていますか？」と尋ねます。もし長い年月をかけて精一杯努力をしてきて、それでも仕事がつまらないというのなら、それは向いていないということ。だから潔《いさぎよ》く辞めて、次の仕事を探したほうがいいと助言します。

しかし、努力はしているものの、まだ2、3年しか経っていないというのなら、まだ努力できる余地があるかもしれない。そこをもう一度よく考えて、まだ努力が足りないと思えば、死ぬ気になってもう一度やってみたらどうだ、と鼓舞します。死ぬ気で努力をしてみて、はじめて仕事をする意味や、自分が仕事で何を本当にやりたいかが見えてくるものです。

死ぬほど努力をして失敗した人間なんて、聞いたことがありません。自分がラクをしていることを棚に上げ、仕事がつまらない、満足がいかないなどと言っている人が成功するわけがありません。周りがそこまですることはないだろうというほど努力をして、はじめて成功への道は拓けるのだと思います。

自分の仕事に疑問を抱いたり悩んだりしている人は、今そこにどれだけの努力を注げているか、まずそのことを自分に問うてみてください。また、仕事に悩んでいるということは、本気で取り組んでいる証拠ですから、成長の余地がおおいにある、と言えます。

仕事というものは、自分が思っている以上に深いものです。本気ですればするほど困難なことにぶつかり、その深さや複雑さがわかってきます。60年以上仕事を続けているこの私でさえ、仕事がどれほどまでに深くて複雑なのか、皆目見当がつきません。

しかし、それを少しでも知り、味わうことこそが仕事の、ひいては人生の醍醐味です。そのための努力を最後まで続けるつもりでいます。

若手が辞める会社に、将来はない

仕事で付き合いのある知人から、以前こんな相談を受けたことがあります。

ほとんどの上司が社長の顔色を見て仕事をする。たとえ部下から優れたアイデアが出てきても、社長がそれを否定すると上司もそれに従ってしまう。そのため若手社員のモチベーションが上がらない。いったいどうしたものでしょう？　というのです。

先日も若手社員から出てきたアイデアに対し、部長も役員も「面白い」と絶賛していたのに、社長がNGを出したため、上司は「社長からOKがもらえなかった。ごめん」とそのアイデアを考えた社員に伝えたといいます。

その若手社員は、せめて「ここを改善すればOKがもらえるんじゃないか」など上司から前向きなアドバイスがもらえれば会社に希望が持てるのに……と言って、とうとう会社を辞めたそうです。


経営者が強いワンマンぶりを発揮し、社員が自分の考えや意見を思うように出せない会社は多いと思います。

このような会社で出世する人間は、たいてい社長の考え方や方針に忠実な人間です。社員は社長の指示に従うだけでなく、社長により気に入られようと忖度《そんたく》もします。

社長ともなれば細かいところまでいちいち目配りできませんから、そこに忖度する余地がますます生まれます。その結果、社長ならこう考えるだろう、こうすれば社長が喜ぶだろうと考えて、部下にさして必要もない仕事をさせたり、取引先に理不尽なことを要求したりするわけです。

社長に気に入られようとばかり考えている役職者は、肝心の人や商品ではなく、社長のことしか頭にないため、すべてがうまくいかなくなるのは時間の問題です。

このような会社の一番の問題は、当人が「権限と責任」を持っていない点です。会社組織を硬直させないためにもっとも大事なことは、当人の「権限と責任」をはっきりさせておくことです。

トップが権限を一手に握っていれば、当人は何ごとも自分の責任で決めることはできません。

私が社長をしていたときは、役員や部長の権限と責任を明確にしていました。何かの案件で部下が相談に来たりすると、「そんな細かい話は、いちいち私に言いに来なくていい。1000万ドルまでの決裁については全部あなたが決めなさい」などと言って追い返していました。

誰でもそれぞれの立場で権限と責任を持たされていれば、自分の頭で考え、責任ある行動をします。やり甲斐のある仕事を自ら見つけて、挑戦しようという意欲も湧いてくるはずです。

上司は部下が情熱と意欲を持って成し遂げようとしている仕事を、端《はた》から否定するようなことをしてはいけません。無謀すぎたり、思慮が足りなければ、たしなめなくてはいけませんが、基本的には部下が困っているときだけ手助けするという姿勢でいなくてはいけません。「よし、君がそう思うならやってみろ。責任は俺が取るから」と言って、送り出すくらいの度量を持つべきです。

それで失敗することもあるかもしれませんが、「失敗は成功の母」。失敗の経験は将来、必ず生かされるのです。

新しいことをしよう、何かに挑戦しようという部下の意欲は、会社を成長させる大きな原動力です。それを減ずるようなことをしては駄目です。当人の権限と責任がいかに大事か、心にとどめておかねばなりません。

上司にLINEで連絡を入れることに問題はない

「上司に連絡や報告をするときに、メールやLINEを使って怒られる社員が多いそうですが、どう思われますか？」

ある取材でこんな問いかけがありました。

メールやLINEを使うのは、そのほうが時間の節約になるし、電話だと相手の状況がわからず、仕事の邪魔をする可能性もある。若い世代はきっと、そんな理由で使っているのでしょう。非難されることではありません。

もし、それで怒る上司がいるのであれば、それは連絡や報告は口頭で伝えるのが礼儀であって、メールやLINEなんて失礼だという昔の古い感覚があるからでしょう。

しかし、メールやLINEがもはや日常的なコミュニケーションツールとなった今となっては、論外です。

ただ、メールやＬＩＮＥの文章だけでは、十分なニュアンスが伝わらないなど、特別の理由があれば、別です。

たとえば、クライアントとの契約の話がうまく進んだという報告をメールで入れたとき、どういう点を相手は評価したのか。問題は何もなかったのか。今回の話を踏まえて次のステップに進むには、これから何をするべきなのか。そうしたことがメールだけではちゃんと伝えられていないのなら、上司は直接話をしていろいろと聞きたいはずです。

反対にクライアントとの契約が不成立に終わったとき、「話し合いがうまくいきませんでした」といったメールを上司に送るだけでは不十分でしょう。

上司からすれば、何が原因で契約に至らなかったのか、改善すべき余地はあるのか、などの疑問が湧いて、落ち着かない気持ちになるからです。そうなると、その疑問を上司がメールで尋ね返して、何度もやりとりをする羽目になるかもしれません。それでもうまく伝わらないとなると、最初から電話で話をしたほうが効率的じゃないかということになります。

このようにメールやＬＩＮＥだけでは、上司が知りたい細かな部分まで伝えることができないと思えば、部下はタイミングをみて電話で連絡をするほうがいいでしょう。上司が部下からの報告は電話でもらうべきというのが思い込みなら、部下が上司への報告はメールやＬＩＮＥのほうが絶対的に優れていると考えるのも思い込みです。当たり前のことですが、ものごとには必ず一長一短があるわけで、常にこのやり方が正しいということはありません。

上司への報告は、内容やタイミングによって変わってしかるべきです。そのときどきで、もっとも効率的で効果的な伝え方を考えなければなりません。

メールやＬＩＮＥで何でもすませてしまう若い世代のなかには、会社を辞めるときも「一身上の都合で、○月をもって会社を辞めさせていただきます」といったメールを上司に送ったきり、来なくなる人がいると聞きます。

さすがに、これは人としてどうかという気はします。会社がその社員に酷いことをしたというならいざ知らず、その人の都合で退社する場合の報告がメールのみというのは、非常識と言わざるを得ません。

こんな人は、礼儀について責めるまでもありません。それ以前に、ビジネスパーソンとして失格です。おそらく、どんな職場に行っても通用しないでしょうから、そういう人は自分から辞めてもらったほうが、むしろ会社にとっても都合がいい。もし、そういう社員があなたの職場にいたのならば、そう考えればいいと思います。

「清く、正しく、美しく」を貫けるか

仕事をする上で大切なことは、自分の軸をしっかり持つことです。

会社に入ってまだ数年しか経っていないような人であれば、軸を持てと言われても難しいかもしれませんが、ある程度の年数仕事をしているなら、「仕事における自分の軸は何なんだ?」という問いを自らに課すようでなくてはいけないと思います。

私の軸は「クリーン、オネスト、ビューティフル」、つまり「清く、正しく、美しく」です。

「自分さえよければ」という気持ちで仕事をしていては、一時的にうまくいくことはあるかもしれませんが、遅かれ早かれ、何かがおかしくなるでしょう。

だから私は仕事の心がまえとして、自分自身だけでなく、経営者時代は部下たちにも「クリーン、オネスト、ビューティフル」と言い続けてきました。「清く、正しく、美しく」とは一見、普通のことのように思えるかもしれませんが、この倫理観を貫くのは想像以上に難しいものです。

入社3年目のときのことです。隣の課にいる同期から、「うちの部署の上司が不正のようなことをやっているようだ。自分もその片棒を担がされそうになって困っている」と相談を受けました。今から思うと不正とまではいかない小さなことだったのですが、同期は相手が自分の上司だけに、どうすればいいか悩んでいたのです。

彼からは「誰にも言わないでくれ」と言われていたのですが、その相談を受けた翌日、私は居ても立ってもいられなくなり、その上司に「あなたたちがやっていることは粉飾ではないのか。なぜそれに部下を巻き込むのか」と言ってしまったのです。

私は自分の気持ちに忠実に行動したつもりですが、その後がいろいろと大変でした。

「やつはスパイだ。何か不都合なことをやつに知られると、すぐ上に報告されるから要注意だ」という噂を流され、一時的とはいえ、村八分状態に置かれたのです。

ことほどさように「クリーン、オネスト、ビューティフル」を実践するのは、簡単なことではありません。でも、私は自分の信念を貫かなければ仕事をしている意味がない、と思ってやってきたので、後悔は1ミリもありませんでした。

長年、仕事をしていると、自分の軸がぶれそうになることは何度もあります。そんなときは、「自分の軸は何だ?」と初心に返り、信念を貫く。そうすれば、いずれ壁は突破できます。成長という〝ごほうび〟までついてくることもあります。そのことを覚えておいてほしいと思います。

自分を偽ることとは、相手に嘘をつくことになる

映画やテレビドラマを観ていると、俳優というのはよほど器用でないと務まらない仕事のように思われます。同じ俳優が、高潔な人格を持つ職人になったり、かと思うと冷酷無比の犯罪者になったり、下町で商売をしている人情味溢れる親父《おやじ》になったりする。

どれが、その俳優本人の本当の姿に近いのか、観ているほうには皆目わからない。

ビジネスパーソンも、俳優のように状況によっていろいろな顔をうまく使い分けできたらいいのに、と言う人がいます。

機嫌の悪い上司がぶすっとした顔をして職場にいれば、周りから疎《うと》まれるでしょうし、取引先と商談を進めているときに焦りを相手に見せてしまえば、足を掬《すく》われます。ビジネスパーソンは常に状況をよいほうへもっていけるよう、自分を巧みに演じなければいけないというわけです。

しかし、私はビジネスパーソンも状況に応じて俳優のように演じるべきだとする考えには賛成できません。たとえ機嫌が悪くとも、機嫌のいい自分をわざわざ演じる必要はなく、機嫌が悪いことが周りに悟られなければすむ話です。

私は仕事においても、できるだけ普段通りの自分でいることを心がけています。相手が偉い立場であろうと、いくつも下の後輩であろうと、接する態度には変わりありません。

会社員時代も上下関係なく、誰に対しても同じ態度で接してきました。社長室に呼ばれたとき、不躾《ぶしつけ》にも、私から先に自分がしたい話をしたことは何度もありました。

「この間の役員会での社長の態度、よくなかったです。社長であれば、自分からメモをとったりするようなことはするべきじゃありません。役員の報告を受けるときは、手を組んでうんうんと頷《うなず》いていればいいんですよ」

当時の私は上級役員でしたが、そんな生意気なことを言ったりするわけです。社長は少しムッとして、「俺が君を呼んだんだ。俺の話をまず聞けよ」とよく言われました。

今から思えば、いささか失礼なことを言っていたなと思います。一事が万事、そんな調子でしたが、率直なもの言いをしても関係がおかしくならなかったのは、社長の度量の大きさに加え、日頃からの信頼関係ができていたからでしょう。

仕事においてはどんな相手だろうと、できるだけ素の自分で接しようと心がけているのは、「己《おのれ》に正直であれ」と常々思っているからです。

自分を偽って相手と接するのは、相手に嘘をつくのと変わらない。嘘は他人だけでなく、自分にもつかないと決めています。

自分に正直になると、相手の間違いや悪い点を率直に指摘することにもなりますから、トラブル続きになるのでは？　と思うかもしれません。ですが、相手のためを思って心から発した言葉によって、気分は別にして、互いの関係が悪化した記憶は、一度もありません。

また、へんに自分を賢く見せたりするのは、かえってみっともないことだという思いもある。自分をごまかしたり、隠したりしていれば、成長もできません。常に、正々堂々と生きる。いくら自分を飾って見せたところで、その人の本性は言動に滲《にじ》み出ているものです。

あるがままに近い姿を正直に出して、それで嫌われるのであれば、その人とは縁がなかったということです。そのほうが誰からも信頼され、かえって好感度も上がるのです。

高邁な人は「深刻になりすぎない」

仕事で期待していたプロジェクトが失敗し、周りから厳しい批判を浴びたときに、「もう駄目だ」と立ち直れないほどに落ち込むことがあります。また、問題を抱えているとき「こんな不運な目にあっているのは、世界中で自分だけだ」と深刻になり、暗くなってしまうこともあるでしょう。

でも、それはただの思い込みのことが多いと思います。

周囲からは順風満帆の人生を送っているように見える人でも、家族の問題、人間関係のトラブル、健康の問題など、誰もが何かしらの悩みや苦しみを抱えて生きているものです。

その一方で、どんな問題であっても、とらえ方次第で、状況は100%変わるということも知っておいたほうがよいと思います。

つまり、八方塞《ふさ》がりになったら、それまでとは違うところに目を向け、必死になって新たな可能性を探る。そうすれば、光が射す場所は必ず見つかるものです。落ち込んで鬱《うつ》っぽくなっている人は、それを怠っているとも言えるし、自ら好んで、そのような状況を選んでいるとも言えるのです。

長い人生、仕事で絶望的とも言える局面を何度も経験するものです。しかし、状況は絶望的であっても、将来への希望を失うことはありません。生きている限り、そこから抜け出すための方法は必ずあるのです。

私は中学の頃から「負けてたまるか」という言葉が大好きでした。これは「自分の心に負けてたまるか」という意味で、「負けてたまるか」とつぶやくと、やる気が漲《みなぎ》ってくるのです。

また、もう駄目だと思って、その状況から抜け出せない人は、たいがい相談する相手がいないものです。もちろん相談して解決策が容易に見つかるわけではありませんが、その状態を話せる人がいるだけで、気持ちの上ではかなりラクになります。

自分一人で問題を抱えていると、ますます行き詰まった気分になりますが、そのことを人に話すと、自分が置かれた状態が客観的に見えるので、気持ちに余裕が生まれます。

相手のちょっとした言葉が、大きなヒントになることもあります。

「生きることは、それ自体、そもそも問題だらけ。問題のない人生など、どこにもない」と常々思っています。仕事でも人間関係でも、何一つ問題がないという人など、この世に存在しないのです。

普段からそう思っていれば、いざ問題が起こっても、慌てふためくようなことはないでしょう。むしろ、さまざまな姿をしてやってくる問題に対して、今、自分は試されているんだな、成長のチャンスだ、と余裕を持って立ち向かえます。

アリストテレスは、『エウデモス倫理学』のなかで、「ものごとを軽く見ることができるという点が、高邁《こうまい》な人の特徴であるように思われる」ということを述べています。

問題を深刻にとらえすぎれば、それこそ絶望的な気分になるかもしれませんが、意識してそれを深刻にとらえすぎないようにすることが、アリストテレスの言う「ものごとを軽く見る」という意味です。

もちろん「軽く見る」というのは、なめてかかったり、甘く考えることではありません。問題そのものをきちんと認識しながらも、深刻になりすぎず、こうした問題は、人生のうちでときどきやってくるものだと、淡々として向き合う。そんな姿勢が大事だ、とアリストテレスは言っているのでしょう。

「ままならない部分」こそが、やり甲斐をもたらす

2022年のサッカー・ワールドカップでは、日本代表チームの健闘が光り、大いに盛り上がりました。ワールドカップに出場するクラスの選手ともなれば、複雑なパスワークのイメージを瞬時に共有し合い、ボールを前へ運んでいく力を持っています。

しかし、戦う相手も同じレベルの選手たちですから、日本代表がイメージ通りにボールをゴールまで運ぶことはそう簡単にはいきません。

イメージ通りにいかないのは、仕事においても同じです。一から十まですべてイメージ通りに仕事を進め、必ず成果を上げるというスーパーマンのような人間は、映画の中だけです。

世界トップクラスの資産家であるテスラのCEO、イーロン・マスクのようなカリスマ経営者にしても、思い通りにいかないことのほうが多いのではないでしょうか。世界中の注目を集めたイーロン・マスクによるツイッター社買収は、ツイッター社や政治家をはじめとする世論の強い反対にあい、幾つもの大きな波乱がありました。買収後も自身のツイッター社CEOの立場を問う投票で、利用者や株主の反対にあったり、運用法において批判されたりと、日々困難に直面しているように見えます。イーロン・マスクのように途方もない才能や資金力があっても、自分の思惑通りにことを進めるのは簡単ではないのです。

仕事の多くは、他人とキャッチボールをしながら、つくっていく共同作業です。共同作業であれば、自分一人の判断だけでものごとを決断し、進めていくわけにはいきません。

では、一人でやって一人で完結する仕事であれば、イメージ通りに進められるのでしょうか？

そんなことはないと思います。たとえば画家や音楽家などの芸術家にしても、本人のイメージ通りに作品を仕上げることは、そう容易なことではないはずです。

仕事というのは、人の意見を聞かなくてはならなかったり、予算の枠が決まっていたりと、いろいろな制約があるのが常です。でも、そんな制約があるから、そのなかで達成し得ることを発見できるのです。

仕事には、困難や障害がつきものです。そのままならない過程を経るところにこそ、仕事の醍醐味があり、何ものにも代えがたい達成感があるのだと思います。

仮に、何もかも思い通りに仕事を進められる特別な力があなたに与えられるとしたら、どうでしょうか？

最初のうちは、楽しくて仕方がないかもしれません。しかし、手がける仕事すべてが成功するとしたら、そのうち退屈するはずです。そこには苦労や困難を乗り越えて得られる達成感や満足感がないからです。

仕事をやり甲斐のあるものにしてくれるのは、紛れもなく仕事を構成する「ままならない部分」です。その意味で、仕事ができる人というのは、そんな「ままならない部分」を逆手にとって、仕事に生かせる人なのです。

ストレス・ゼロの人生は、生きる喜びもなくなる

「ストレスがたまることが多くて、体の調子がずっとよくないんです。どうすればストレスがたまらなくなりますか？」

仕事関係者から、そんな質問をされたことがあります。

ストレスというのは、そもそも「圧力」という意味です。人が何かの圧力や負担を感じることなく生きることはできませんから、その質問自体がおかしいと言わざるを得ません。

ただ、何でもかんでもストレスととらえてしまう人は、「ストレスのない人生こそが正解である」と誤解しているのかもしれません。

そもそも、ストレスのすべてが悪いわけではありません。仕事における緊張感など、生きていく上で必要なストレスもたくさんあります。ストレスがゼロの人生は張りのないものになるでしょうし、生きる喜びも希薄になり、ときには緊張感がなさすぎること

が、心身の健康に悪影響を及ぼしたりもするようです。

実際、仕事を引退してから、南国でのんびり暮らすために都会から移住する人は意外と長生きしない、という話を医療専門家から聞いたことがあります。

ストレスという言葉がここまで広がったのは、体の調子が悪い理由を、何かにつけてストレスのせいにしてしまう医者のせいだと私は思っています。その意味では、医者がストレスという名の病気をつくったといっても過言ではないでしょう。

私は幸いと言ってよいのかわかりませんが、仕事をしていて「疲れたな」とか「これはストレスだな」と感じることは、ほとんどありません。

肉体的には疲れているはずなのに、精神的には「疲れた」とはあまり感じなかったりする。実際、精神的にはなんともなくても、医者に診てもらうと「ストレスがかなりたまっていますよ」などと言われ、検査をすると、それが数値としてはっきり出ていたりします。

医学的には「疲労」と「疲労感」は別ものと言います。つまり、肉体的には疲れていても疲労感を覚えないこともあれば、肉体的にさほど疲れていなくても疲労感を覚えることがあるようです。

体は疲れているはずなのに疲労感を覚えないのは、やっていることに対して満足感や達成感が強いときです。ものすごいエネルギーを注いでやった仕事がうまくいったりすると、疲労困憊《こんぱい》でも、成し遂げたという喜びで疲労感がふっ飛んだりします。

これは満足感や達成感が脳内の神経伝達物質であるエンドルフィンを分泌させ、疲労感をマスキングするためと言います。

つまり、私が肉体的には疲れているのに、さほど疲れを感じなかったりするのも、仕事に対してやり甲斐や満足感を覚えているからなのだと思います。

仕事がさほど忙しいわけでもないのに「疲れた」とよく言う人は、人間関係など仕事以外の理由で疲れている可能性もあります。

そして、何かにつけ「疲れた」「ストレスだ」と口にする人は、言葉にすることで、それを一層強く意識している面があります。必要以上に意識すれば、疲れやストレスは増幅されるものです。

ストレスはある程度あって当たり前であり、生きる活力を与えてくれる必要なもの。ストレスという言葉を頻繁に意識する人は、そのことを自覚し、その言葉にあまり囚われないようにすることです。

主体的に仕事をしない限り、ストレスは消えない

仕事におけるストレスを減らすには、どうすればいいか。前に述べたように、ストレスという言葉にあまり囚われないことが大事ですが、何かとストレスを敏感に感じる人と、そうでない人を大きく分けるものは、仕事に対して受け身か、そうでないかの姿勢の違いだと思います。

仕事がルーティン化し、新しい変化もさほどなければ、仕事を義務でしている感覚に陥るかもしれません。またお金を稼ぐために、仕方なくやっている人もいるでしょう。

生活の糧を得るための義務感で仕事をしていると、「やらされている」感が強くなり

ます。

しかし、そんな気持ちで取り組む仕事が面白いわけがありません。ストレスもたまる一方でしょう。

そうならないためには、どんな仕事に対しても「義務でしている」「やらされている」という気持ちではなく、「自分が主体となってしている」と思うことです。

自分の意思で仕事をしていると思えば、仕事に対する取り組み方は必然的に変わるからです。

自分の意思で仕事をするということは、仕事の主役は自分だと考えることと同義です。会社の指示で義務のようにこなしている仕事でも、自分が主役だと思えば、少しでも楽しく、意義のあるものにしようと、仕事のやり方を工夫するはずです。

たとえば接客の仕事をしている人が、マニュアルに従ってちゃんと動いていればそれでいい、と思っているとします。しかし、仕事を細かく観察すると、マニュアルに載っていないことでも、気持ちがあればできることはいくらでもあります。

「いらっしゃいませ」「ありがとうございました」といった言葉にしても、気持ちを込めて言うのと、機械的に言うのとでは、相手への伝わり方がまったく違います。

客の気持ちを察して、マニュアルにはない、ちょっとした気遣いやサービスをすることだってできます。いかに相手を満足させられるか、喜んでもらうことができるか、自分の頭で考えながら仕事をすると、前向きな気持ちで取り組めるはずです。

ましてや今後は、マニュアルに沿ってなされる仕事はすべて、AIが行うようになります。どれだけ仕事に自分の気持ちを込められるか、どうすれば顧客を感動させられるか。そのようなことを真剣に考えて、主体的に取り組まない限り、今の仕事を続けることはできなくなるでしょう。

脅すつもりはありませんが、ビジネスパーソンはみな相当な危機感を持つ必要があると思います。

私はこうして英語を身につけた

私は28歳のとき、ニューヨークに赴任しましたが、当初は語学、特に会話はからっきし駄目でした。相手が話していることもちんぷんかんぷんですし、私が喋る英語は文章が途切れ途切れで、英語というより単語の羅列だったはずです。

しかし、語学は慣れです。仕事の後に1年近く英語の語学学校に通い、勉強しました。それ以外にも、毎日アメリカ人と喋り、辞書を引き引き英語の書類や資料と格闘して数年経った頃、俺の英語力はちょっとはましになったな、と思うようになっていました。

4、5年も経つと、本社から来た社員の通訳ができるくらいにはなっていました。

しかし、英語をネイティブのようにペラペラと話せるようになるには、私たちが思っている以上に相当な時間がかかるものです。こういうやり方をすれば飛躍的に上達する、といったコツのようなものはないのです。

英語というのは、頭がよければ早く身につくというものでもありません。

たとえば、イギリスに生まれたイギリス人であれば、誰だって自然と英語が話せるようになるわけで、英語が上達するには、数学の問題を解くような頭の回転は必要ありません。

イギリスで小学生の子どもでも流暢に英語を操れるのは、英語漬けの環境のなかで何年も生活しているからです。日本人が英語の勉強を仮に毎日1時間10年間続けたとしても、10歳のイギリス人の子どもが英語を聞いたり、喋ったりする合計時間には遠く及びません。

逆に言えば、1日1、2時間程度の勉強を数年続けたところで、英語は上達しないということです。

英語がうまくなるには、ともかく時間をかけて英語に親しみ、英語に慣れる。それしかないのです。上達への近道はありません。

具体的なことを少し言えば、英語が進歩するには、英文をできる限り覚えることが、とても大事です。

たとえば、高校1年の英語の教科書に出てくる文章をすべて丸暗記するだけでも、会話の力は伸びます。根気よく繰り返し、いろいろなタイプの文章を覚えていく。10回、20回繰り返すくらいでは時間が経つと忘れてしまうので、それこそ100回でも200回でも繰り返すくらいの根気強さが必要です。

こういう勉強をすれば英語は上達する、という類の英語学習本はごまんと出ていますが、謳《うた》い文句通りに英語が身につくことは、まずないと思ったほうがいいでしょう。特別な人だけが知っている秘密の英語学習法など存在しないので、どうか安心してください。英語の学習は、ひたすら時間をかけて粘り強くやっていく他に道はないのです。挫折しそうになっている人は、「ここが成長できるかどうかの分岐点《ぶんきてん》だ」と思えばいいでしょう。

とはいえ今後はＡＩのさらなる普及で、英語が話せなくてもビジネスにおいて支障はなくなるでしょう。「仮に1万時間を英語の学習に費やすことになったとしても、英語をマスターしたい」――そう思える方は、覚悟をもって、コツコツと取り組むことです。

ライバルがいるからこそ、人は伸びる

オリンピックなどの大きなスポーツ競技の大会で、表彰台に上がった2位、3位の選手が、優勝した選手に対して握手やハグで称《たた》えるシーンがときたま見られます。負けた

相手に対しては悔しさも当然あるので、そんなことをするのはポーズと見る人もいるでしょう。

でも、表彰台でそのような振る舞いができるのは、やはり本心から相手を称える気持ちがあるのだろうと思います。

では、なぜ負けた相手を称える余裕があるのでしょうか。それは、やれるだけの準備と努力を精一杯し、その上で力を出し尽くしたという達成感があるからだと思います。

会社を舞台にしたドラマなどでは、嫉妬の感情から権力争いや派閥争いが生じる様《さま》が描かれたりします。嫉妬に駆られてライバルを引きずり下ろしたり、理不尽な攻撃をしたりするシーンも、この手のドラマではよく描かれます。

現実にも、それと似たようなことは多かれ少なかれあるのでしょうが、嫉妬という感情は何もマイナス面ばかりではありません。

うまく使えば、自分を向上させるものとして使うこともできます。

たとえば、ライバルが発案した企画がヒットを飛ばせば、ただ羨むのではなく、よし自分はもっとすごいものを出してやろうと思ってがんばればいい。営業の成績で同僚に負ければ、自分に何が足りなかったのかを反省し、その上でしかるべき努力をすればいい。

嫉妬は、このように視点を変えれば、自分を前向きに奮い立たせるエンジンになるのです。

嫉妬の感情に囚われて、そこから動けない人は、そもそも十分な努力をしていないのだと思います。ですから嫉妬に囚われそうになれば、努力をちゃんとしてきたかということを自分に問うべきでしょう。

嫉妬する暇があるなら、その前に自分の努力不足を反省する。そして精一杯、力の限りを尽くす。そのくらいのことを、まずやってみるべきです。

私のサラリーマン時代を振り返ってみると、幸か不幸か、このような嫉妬とはほぼ無縁でやってきたと思います。ライバルというような存在もいなかった。それは、ひたすら自分の目の前の仕事だけに目を向け、取り組んでいたからだと思います。

周りと比較して俺は負けているとか、劣っているなどと考える暇もなく、ともかく次から次へとやってくる仕事に、ただ全力で向かっていくことだけを考えていたように思います。

いい仕事を成し遂げるには、人と競争して相手に勝つのではなく、自分に勝つことが大事なのだ、という感覚が私には常にあります。ライバルは外にいるのではなく、自分のなかにいる。己こそが、最大のライバルなのです。

仕事においてもっとも大事なのは、どのような志を持って仕事に向かっているかということです。

自分は仕事で何をしたいのか？　どんな社会貢献をしたいのか？　仕事を通してどういう人間になりたいのか？　自分が抱いている志を忘れることなく、純粋に仕事と向き合う。

そんな姿勢でいる限り、嫉妬のような感情が湧く余地などないのだと思います。

楽しいだけの仕事は、この世に存在しない

今どきの小学生が将来なりたい人気職業の上位には、ユーチューバーやインスタグラマーが入るそうです。

人気を博しているユーチューバーやインスタグラマーを見ていると、遊んで楽しんでやっていることが仕事になっているという印象を抱くのでしょう。遊ぶように仕事ができて、おまけにお金もわんさか入ってくる。こんないい仕事は他にないと思うのかもしれません。

しかし、この世の中に楽しいばかりの仕事など、存在しません。はたからはそう見えるような仕事でも、その裏には、必ず血のにじむような努力と苦労があるのです。

仕事に忍耐と苦労はつきものだという一昔前の感覚と違って、今は、やり甲斐や自己実現といったことが仕事に強く求められているようです。

そうは言っても、忍耐や苦労といった努力なしでは、仕事は成り立ちません。派手なスポットライトを浴びて喝采《かっさい》を受ける歌手でもスポーツ選手でも、その裏では凄まじい

努力をしているものです。華やかな表舞台しか見ていないと、地道な努力の部分はわからないものです。

どんな世界でも、常に第一線で活躍してきたような人であれば、その努力の量は半端ではないでしょう。皆、人事を尽くし、死ぬほどの努力を重ねてきているに違いありません。

若い世代には、努力という言葉が泥臭く響くかもしれません。しかし、努力抜きに成果を上げられることは、残念ながらありません。仕事でも勉強でも普段の生活でも、常に努力が根底になくては成り立ちません。

大事なことなので繰り返しますが、遊ぶように楽にできる仕事はこの世に一つとしてありません。どんな仕事でも何らかの成果を上げるには、それなりの厳しさや努力を伴います。

しかし、そうであるからこそ、人間性もまた確実に磨かれ、人として成長することができるのです。

年齢とともに仕事力が上がる人、下がる人は何が違うのか

人は年を取るほど、失うものが増える。そのように感じている人は少なくないようです。たしかに体力や能力といった面で衰えていく部分があるのは事実です。

しかし、私は年を取るにつれて、失うもの以上に得るもののほうが多いと感じます。年齢を重ねれば、経験することの数が増え、知恵も増し、人間関係は広がり、人格も陶《とう》冶《や》されていきます。

知識が増え、経験値が上がることによって、より的確な思考や判断ができるようになります。いつまでも好奇心を失わず、精一杯の努力をしている限り、人は失うものより、得るもののほうが圧倒的に多いと私は感じています。

こうしたことが、もっとも端的に表れるのが仕事です。仕事には、技量や人間力といった、その人が持っているもの、すべてが表れます。

この総合力が仕事力だとすれば、個人差はもちろんありますが、年齢を重ねるほど、概して仕事力は上がっていくといってよいはずです。

もちろん若いときには、若さゆえの利点があります。若い人はエネルギーに溢れ、発想力も豊かです。体力があるので、それなりにハードな仕事でもこなせるでしょうし、瞬発力やフットワークもあるので、仕事を積極的に広げていくこともできます。

年を取ると、こうした体力をベースにした持久力や瞬発力は弱まっていきます。私も若い時分は、朝から晩まで働き、仕事が終わった後は、ほぼ毎日終電間際までお酒を浴びるように飲み続けるという生活でしたが、年を取ると、さすがにそんなことはできません。持久力や瞬発力といった点では、若い人には到底かなわなくなっています。

その代わり経験を積むことで、仕事にまつわる技量や知識は確実に増しています。全体を広く見る視野を持てるようにもなります。

仕事力というものは、時間をかけるほど、その努力次第でいくらでも磨けるものだということです。

時代の変化が早くて、ついていけない。若い人のエネルギーに負けてしまう。新しい発想がなかなか湧いてこない……。そんなことを言って嘆いているビジネスパーソンをときどき見かけますが、そう思っている時点で、その人は年齢に負けています。「もう年だから……」という意識を持つと、仕事力を向上させることは難しくなります。

知識を増やし、経験を生かし、人間性を磨く努力を続けていれば、仕事力は年齢を重ねるほどに増していきます。年を取ったからといって、ただそれだけで仕事力が落ちることはありません。

仕事力を向上させるのも下げるのも、その人の心がけ次第だということです。そのことを、けっして忘れないでください。

そして、一度きりの人生。今日は、あなたの生涯で、一番若い日です。

「いやいや、そうは言っても、自分は老いてしまった」と思うかもしれませんが、10年後に自分を振り返ったら、必ず「あのときは若かった」と思うはずです。

ですから、年齢を重ねることを、もっと前向きに楽しんでほしいと思っています。

そして、あなたが何十年と自分の頭で考え、経験し、ときにもがき苦しんできたことは、あなたの血肉になっています。感情のないＡＩには真似できないことです。

コスパやタイパの観点で仕事をしていたら、間違いなく一瞬でＡＩに負けます。われわれは、そんな時代に突入しているのです。

そして遠からず、生成ＡＩを超える、新しいＡＩの時代がきます。われわれはある意味では、夢と希望の入り口に立っているとも言えるのです。

このことをどうか忘れないでほしいという願いを込め、みなさんにまたお会いできることを楽しみにしつつ、筆を擱《お》かせていただきます。

著者略歴

丹羽宇一郎《にわういちろう》

公益社団法人日本中国友好協会会長。一九三九年愛知県生まれ。元・中華人民共和国駐箚特命全権大使。名古屋大学法学部卒業後、伊藤忠商事(株)に入社。九八年に社長に就任すると、翌九九年には約四〇〇〇億円の不良資産を一括処理しながらも、二〇〇一年三月期決算で同社の史上最高益を計上し、世間を瞠目させた。〇四年会長就任。内閣府経済財政諮問会議議員、地方分権改革推進委員会委員長、日本郵政取締役などを歴任ののち、一〇年に民間出身としては初の駐中国大使に就任。一般社団法人グローバルビジネス学会名誉会長、伊藤忠商事名誉理事。

幻冬舎新書 692

GENTOSHA

仕事がなくなる!

二〇二三年五月三十日　第一刷発行

著者　丹羽宇一郎

発行人　見城 徹

編集人　小木田順子

編集者　四本恭子

発行所　株式会社 幻冬舎

〒一五一-〇〇五一　東京都渋谷区千駄ヶ谷四-九-七

電話　〇三-五四一一-六二一一(編集)

〇三-五四一一-六二二二(営業)

公式HP　https://www.gentosha.co.jp/

ブックデザイン　鈴木成一デザイン室

印刷・製本所　株式会社 光邦

Printed in Japan　ISBN978-4-344-98694-7 C0295

に-5-4

*この本に関するご意見・ご感想は、左記アンケートフォームからお寄せください。

https://www.gentosha.co.jp/e/